Max Schüller

Kriegschirurgische Skizzen aus dem Deutsch-Französischen Kriege

1870-71

Max Schüller

Kriegschirurgische Skizzen aus dem Deutsch-Französischen Kriege
1870-71

ISBN/EAN: 9783744671422

Hergestellt in Europa, USA, Kanada, Australien, Japan

Cover: Foto ©ninafisch / pixelio.de

Weitere Bücher finden Sie auf **www.hansebooks.com**

Kriegschirurgische Skizzen

aus dem

deutsch-französischen Kriege
$18^{70}|_{71}$

von

Dr. Maximilian Schüller,

vormals Assistent am physiol. Laboratorium zu Jena, Hülfsarzt der chirurgischen
Abtheilung des städtischen Krankenhauses zu Hannover, ordinirender Arzt in
mehreren Reservelazarethen, endlich dirigirender Arzt und Führer des Hannoverschen
Sanitätszuges I.

Hannover.

Schmorl & von Seefeld.

1871.

Druck von Ph. C. Göhmann in Hannover.

Seinem theuren Onkel,

dem Herrn

Domherrn Freiherrn Werner von Spiegel
zum Desenberg

in dankbarer Erinnerung gewidmet

vom

Verfasser.

Die Kunde von der Kriegserklärung traf mich in Wien, wo ich gerade damals emsig chirurgischen Studien oblag. Ich brach diese natürlich sofort ab und eilte nach Hause (Thüringen), um mich freiwillig zur Verfügung zu stellen. Meine Bemühungen, in den activen Militärdienst einzutreten, waren erfolglos; doch wurde mir durch den damaligen Lazarethdirector der Hannoverschen Reservelazarethe, Herrn Ober-Medicinalrath Dr. Brandes, und durch den stellvertretenden Generalarzt des X. A.-C., Herrn Ober-Stabsarzt Dr. Schaumann, die freundliche Aufforderung, eine Stelle als Abtheilungsdirigent in den Reservelazarethen der Stadt Hannover zu übernehmen. Ich trat am 10. August 1870 zuerst in das Reservelazareth Nr. 2 auf dem Schützenhause ein, später im Anfang October in das Reservelazareth Nr. 5 in der Welfencaserne, woselbst ich bis zum 31. December in Thätigkeit war. Am 1. Januar 1871 fuhr ich, durch eine Verfügung des Herrn General-Stabsarztes der Armee Dr. Grimm zum Commandoführer und dirigirenden Arzt des von der Königlichen Regierung in Hannover eingerichteten, sogenannten Hannoverschen Sanitätszuges I. ernannt, mit demselben nach Frankreich ab und habe bis zum 23. März 1871, im Ganzen fünf Male, Schwerkranke und -Verwundete von dort nach Deutschland evacuirt.

Die Erfahrungen, welche ich in diesen verschiedenen Stellungen zu machen reichlich Gelegenheit hatte, denke ich meinen Herren Collegen in kurzen Skizzen vorzulegen, und zwar hier zunächst Erfahrungen, welche ich in den Reservelazarethen gesammelt habe. Unter meinen Mittheilungen wird sich allerdings Manches finden, welches nur weitere, aber, wie ich hoffe, nicht uninteressante Beiträge zur Kriegschirurgie liefert; doch möchte immerhin auch einiges Neue, für Manchen vielleicht zu weiteren Forschungen Anregendes geboten werden.

Kriegschirurgische Mittheilungen aus Reservelazarethen haben natürlich eine wesentlich andere Bedeutung, als solche aus Feldlazarethen. Ueber manches höchst interessante Capitel der Kriegschirurgie werden sie gar nichts bringen können; dagegen haben sie vor denen aus Feldlazarethen wieder Manches voraus, wie z. B. dass sie auch die Sectionsberichte mitgeben können, zu deren Abfassung, wie ja oft überhaupt zu Sectionen begreiflicher Weise in Feldlazarethen gewöhnlich keine Zeit übrig ist. Ueberdies ist es nach meiner Ansicht vortheilhaft, ja sogar nothwendig, dass in Kriegen sich alle Kräfte vereinigen und von dem, was sie über gemeinsam interessirende Theile der Kriegschirurgie genau beobachten konnten, Rechenschaft ablegen. Denn nur durch gemeinsame Arbeit wird auch unsere Wissenschaft wahrhaft gefördert. Nirgends schadet Einseitigkeit und Caprice mehr, als gerade hier. Wenn sich der Einzelne damit begnügt, das Seine zum Ganzen beizutragen, so wird er mehr geleistet haben, als wenn er, im unbezwingbaren Drange, etwas „Besonderes", Neues darzubieten, nur neue Verwirrungen in die herrschenden Anschauungen bringt.

Dies sind die Principien, welche mich leiteten und mir den Muth gaben, auch mein Scherflein „Kriegschirurgischer Erfahrungen" beizutragen.

Das Reservelazareth Nr. 2 auf dem Schützenhause wurde von den 7 in Hannover eingerichteten Reservelazarethen zuerst belegt, da es zuerst fertig war. Am 9. August 1870 erhielt es einige 30 bei Wörth verwundete Deutsche und Franzosen, die Mehrzahl aber am 13. August, wo mit einem Male 264 Franzosen eintrafen, welche direct von den Schlachtfeldern bei Wörth und Weissenburg zugeschickt waren. Die Meisten hatten einige Tage alte Verbände, einige kamen noch mit dem auf dem Schlachtfelde angelegten. Dass es unter solchen Verhältnissen die ersten Tage reichliche Arbeit gab, ist begreiflich. Doch gelang es bald, unter der aufopfernden Mitwirkung der Damen des Hannoverschen Frauenvereins, Alles, was fehlte, zu beschaffen, und schon am zweiten Tage darauf war unser Lazareth in Ordnung, ein wohleingerichteter Mechanismus, in welchem sich die nothwendige Thätigkeit jedes Einzelnen mit wohlthuender Sorgfalt und Regelmässigkeit abwickelte. In der Folgezeit kamen fortwährend weitere Patienten aus dem Felde hinzu, so dass bis Ende Februar 1871 (wo das Lazareth aufgelöst wurde) im Ganzen 592 daselbst behandelt wurden.

Das Lazareth war für 380 Betten berechnet. Man hatte theils die vorhandenen Räumlichkeiten des südlich ausserhalb der Stadt gelegenen Schützenhauses zu Lazarethräumen umgewandelt, theils auf dem freien Platze vor demselben Zeltbaracken errichtet. In den beiden Schiesshallen, grossen, luftigen, nach Süden offenen Räumen mit Estrichboden waren je 50 Betten, in einer Seitenhalle 22 Betten, in einem eine Treppe hoch gelegenen Saale des Hauptgebäudes selber nebst einem kleinen Nebenzimmer waren 50 Betten aufgestellt. Auch diese beiden Räume waren luftig und hatten sowohl nach Süden wie nach Norden Fenster. Bei allen diesen „Stationen" waren noch besondere Aborthäuschen angebracht, in welchen portabele Closets mit Wasserverschluss standen. Ausserdem hatte man ebenda je eine „Verbandküche" eingerichtet, in welcher Wasser zum Verbinden warm erhalten werden konnte. In dem mittleren Hauptgebäude befanden sich parterre die Küche, die Wohnung des Schützenwirths, Zimmer für die Hausärzte, ein Conferenzzimmer, ein solches für die Lazarethcommission. Im oberen Stocke war ein kleines, helles Zimmer zum Operationszimmer eingerichtet. Die 6 Zeltbaracken, je zwei 55, je zwei 20, eine 25, eine 33 Betten fassend, waren in einem grossen Halbkreise angelegt und zwar so, dass sie sämmtlich bis auf die beiden grössten nach Norden zu offene Wände mit Gardinen hatten; die beiden grossen Baracken sahen nach Nord-Westen. Sie hatten sämmtlich einen Bretterboden etwa 1 Fuss über dem Erdboden, waren bis auf Betthöhe mit Brettern verschlagen, während der übrige Theil der Wände, wie das Dach aus einem Holzgerüste, mit Leinwand überzogen, bestand. Der Eingang war an der schmalen Seite; statt der Thüren waren derbe Drellgardinen angebracht. Ebensolche konnten an der „Luftseite" in die Höhe gezogen werden, und so auch diese den Tag über offene Seite, z. B. Nachts oder bei Regen, geschlossen werden. — In der Mitte der Hinterwand jeder Baracke führte eine Thür zu einem kleinen Anbau, welcher einerseits Pissoir und Aborte, anderseits den Schlafraum der Wärter und ausserdem noch einen kleinen Baderaum enthielt. — Dicht vor dem Hauptgebäude des Schützenhauses war eine Badeanstalt erbaut, welche durch eine kleine Locomobile gespeist wurde, wie auch von da aus durch die sämmtlichen Abzugkanäle, die von jeder Station nach einem zur Ihme (welche unweit davon fliesst) abfallenden Hauptcanal liefen, Wasser zur Spülung durchgetrieben werden konnte. Seitlich davon stand das „Verbanddepôt", eine besondere kleine Holzbaracke, in welcher einerseits das gesammte frische Verbandmaterial aufgehoben und von zwei Damen verwaltet wurde, während auf der anderen Seite für diese ein kleines Nebenzimmer — „Damensalon" — eingerichtet war. In der Mitte des Platzes stand ein Wachtgebäude aus Holz. — Die sämmtlichen Baracken und das Depôt waren durch gedielte Bahnen verbunden. Sections- und Leichenzimmer befanden sich in einem Seitengebäude.

Die Aborte wurden täglich zwei Male desinficirt, der Koth allabendlich abgefahren.

Die „luftige" Anlage der Zeltbaracken ermöglichte den Luftwechsel in sehr ausgiebiger Weise. So lange das Wetter gut war, liessen sie in der That nichts zu wünschen übrig; als aber die stürmischen Regentage des vorjährigen Spätsommers kamen, war es wenigstens in einigen Zeltbaracken in der That oft recht schwierig, die Leute vor der Durchnässung zu schützen. Der Wind fing sich in allen Buchten und Winkeln, riss das Dach in Fetzen ab etc. Wo man hingegen frisches Segeltuch zum Dach genommen, war dergleichen nicht zu bemerken. — Gleichwohl befanden sich die Leute alle wohl und konnten bis Mitte October darin bleiben. Man kann demnach in der That sagen, dass diese Zeltbaracken ihren Zweck, — nämlich nur für den Sommer zu dienen — hinreichend erfüllt haben. — Wenn ich nicht irre, hatte man die zweckmässige Anlage und innere Einrichtung des Lazareths zum grossen Theil den Angaben des Herrn Banquier E. Meyer zu verdanken.

Das ganze Lazareth wurde in 4 Abtheilungen getheilt, deren eine mit 71 Betten der damalige Chefarzt Herr Sanitätsrath Dr. Hüpeden übernahm, während die zweite mit 101 Betten Herrn Medicinalrath Dr. Burghard, die dritte mit 98 Betten Herrn Sanitätsrath Dr. Oberdick, die vierte mit 110 Betten mir übergeben wurde. Jeder von uns hatte zwei Assistenzärzte und ein reichliches Pflege- und Hülfspersonal zur Verfügung.

Das Reservelazareth Nr. 5, in welchem ich am 3. October 1870 eine Abtheilung als Dirigent übernahm, war in einer der sogenannten Welfencasernen eingerichtet. Deren innere Einrichtung ist denen, die Stromeyer's Buch „Maximen der Kriegsheilkunde", II. Auflage (pag. 1—3) gelesen haben, hinlänglich bekannt; und kann ich darauf verweisen. Ich will nur erwähnen, dass die vorhandenen vorzüglichen Anlagen von dem Chef dieses Lazareths, Herrn Oberstabsarzt Dr. Schmidt, in höchst zweckmässiger Weise benutzt wurden.

Die Verwundeten — nur Franzosen — unterschieden sich von denen im Reservelazareth Schützenhaus wesentlich dadurch, dass sie meist schon in anderen Lazarethen behandelt waren und deshalb in weit späteren Stadien der Wundheilung in meine Beobachtung kamen.

I.

Statistik der Verwundeten des Schützenhauses.

Da ich den grössten Theil der Schussverletzten im Schützenhause wiederholt sah und (besonders die Schwerverletzten) eingehend beobachten konnte, überdies fast bei sämmtlichen Sectionen zugegen war, so gebe ich hier eine Statistik über die Gesammtzahl aller dort an Schussverletzungen Behandelten; und zwar nach den meist sehr ausführlichen und genauen Krankenberichten („Journalblättern"). für deren bereitwillige Ueberlassung ich dem (während des Winters) als Chefarzt fungirenden Herrn Medicinalrath Dr. Burghard aus Hannover hiermit öffentlich meinen besten Dank ausspreche, sowie ich demselben auch, ferner Herrn Sanitätsrath Dr. Hüpeden, früherem Chefarzte desselben Lazarethes, und den übrigen dort beschäftigten Herren Collegen für ihre freundlichen Mittheilungen über die weiteren Schicksale einiger besonders „interessanter" Verletzungen zu grossem Danke verpflichtet bin.

Von den 592 Patienten des Schützenhauses wurden an Verwundungen 353, an anderen Krankheiten 239 behandelt, darunter nur 4 mit Typhus, 9 mit Intermittens, 5 mit Pneumonien, 1 mit Meningitis, 1 mit syphil. Leberaffection. die übrigen mit Contusionen und Catarrhen aller Art. Von den innerlich Kranken starben nur 2, 1 an Meningitis, 1 an syphil. Leberaffection. — Dass nur 5 Typhen (1 bei einem Verwundeten) vorkamen, spricht sicher sehr deutlich für die Salubrität der Localitäten.

Reservelazareth Schützenhaus.

Anzahl der Verwundeten im Schützenhause . . . .   353.

Norddeutsche 150

Franzosen . . . . 203.

Es sind vorgekommen:

1. Schusswunden 346
2. Stichwunden 6
3. Hiebwunden . . . . 1.

Verletzungen der einzelnen Körpertheile.	Wunden der Haut	Wunden der Haut und angrenz. Weichtheile	Knochen-Contusionen	Knochen-Fracturen	Ge-sammt-zahl	Amputationen	Resectionen	Extraction von grösseren Splittern	Kugeln	Vollständig genesen	Unvollständig genesen	Gestorben
I. Verletzungen des Kopfes:												
1) des Schädeldaches	5	4	—	1	10	—	—	—	—	9	—	1
2) der Stirn	2	1	1	1	5	—	—	2	1	3	2	—
3) des Auges	—	—	—	1	1	—	—	1	—	—	1	—
4) des Ohres (pr. mast.)	—	1	1	1	3	—	—	1	—	2	1	—
5) des Oberkiefers	1	2	2	1	6	—	—	—	—	4	2	—
6) des Unterkiefers	1	—	3	—	4	—	—	—	2	4	—	—
Summa	9	8	7	5	29	—	—	4	3	22	6	1
II. Verletzungen des Rumpfes:												
1) des Halses												
a. Seitl. Halsgegend	1	3	—	—	4	—	—	—	—	3	—	1
b. Kehlkopfsgegend	—	1	—	—	1	—	—	—	—	1	—	—
c. Nackenhalsgegend	2	1	—	—	3	—	—	—	—	3	—	—
2) der Brust (Sternoclav. gel.)	11	11	5	5	32	—	—	3	1	27	2	3
3) des Rückens	2	5	—	—	7	—	—	—	1	6	1	—
4) des Bauches	2	4	—	—	6	—	—	—	1	6	—	—
5) der Beckengegend	7	3	—	—	10	—	—	—	3	8	1	1
6) des Dammes	—	1	—	—	1	—	—	—	—	1	—	—
7) der Geschlechtstheile	—	2	—	—	2	—	—	—	—	1	—	—
Summa	25	31	5	5	66	—	—	3	6	56	5	5

Reservelazareth Schützenhaus.

Verletzungen der einzelnen Körpertheile	Wunden der Haut	Wunden der Haut und angrenz. Weichtheile	Knochen-Contusionen	Knochen-Fracturen	Gesammtzahl	Amputationen	Resectionen	Extraction von		Vollständig genesen	Unvollständig genesen	Gestorben
								grösseren Splittern	Kugeln			
III. Verletzungen der oberen Extremitäten:												
1) der Schultergegend												
a. des Schlüsselbeins.....	—	—	1	1	2	—	—	—	—	2	—	—
b. des Schulterblattes	—	4	—	2	6	—	—	2	—	2	4	—
c. der Schulterhöhe......	2	12	1	—	15	—	—	—	—	10	4	1
d. des Schultergelenks ...	—	—	—	1	1	—	—	1	—	—	1	—
2) des Oberarms..........	—	25	3	6	34	—	—	6	—	20	13	1
3) des Ellenbogengelenks ...	—	9	—	5	14	2	3	—	1	4	9	1
4) des Vorderarms												
a. des Radius	—	—	1	4	5	—	1*)	2	—	—	5	—
b. der Ulna	—	—	6	6	12	—	—	5	2	3	9	—
c. der Weichtheile.......	2	10	—	—	12	—	—	—	—	9	3	—
5) des Handgelenks	1	—	1	3	5	3	—	—	—	1	2	2
6) der Mittelhand..........	2	2	5	3	12	—	—	1	2	9	3	—
7) der Phalangen	9	—	3	5	17	1	—	4	—	13	4	—
Summa.....	16	62	21	36	135	6	4	21	5	73	57	5
IV. Verletzungen der unteren Extremitäten:												
1) des Hüftgelenks ...:.....	1	3	1	—	5	—	1	—	—	5	—	—
2) des Oberschenkels	9	36	2	—	47	—	—	—	5	42	5	—
3) des Kniegelenks.........	—	4	2	—	6	—	—	—	1	3	3	—
4) des Unterschenkels												
a. der Tibia.............	—	—	6	—	6	—	—	3	—	2	4	—
b. der Weichtheile.......	10	21	—	—	31	—	—	—	—	25	6	—
5) des Tibiotarsalgelenks ...	—	2	—	2	4	—	—	1	—	1	2	1
6) des Tarsus..............	3	3	2	3	11	1	1	3	1	9	2	—
7) des Metatarsus..........	3	3	—	5	11	—	1	2	1	8	2	1
8) der Phalangen	1	—	1	—	2	—	—	—	—	2	—	—
Summa.....	27	72	14	10	123	1	3	9	8	97	24	2

*) Resection des Handgelenks.

Zusammenstellung aller Verwundungen des Schützenhauses.

Verletzungen.	Wunden der Haut	Wunden der Haut und angrenz. Weichtheile	Knochen-Contusionen	Knochen-Fracturen	Gesammtzahl.	Amputationen	Resectionen	Extractionen von grösseren Splittern	Kugeln	Vollständig genesen	Unvollständig genesen	Gestorben
I. des Kopfes	9	8	7	5	29	—	—	4	3	22 = (75,86%)	6 = (20,68%)	1 = (3,44%)
II. des Rumpfes	25	31	5	5	66	—	—	3	6	56 = (86,36%)	5 = (7,1%)	5 = (7,1%)
III. der oberen Extremitäten	16	62	21	36	135	6	4	21	5	73 = (54,08%)	57 = (42,22%)	5 = (3,7%)
IV. der unteren Extremitäten	27	72	14	56	123	1	3	9	8	97 = (78,86%.)	24 = (19,5%)	2 = (1,02%)
Summa	77	173	47	56	353	7	7	37	22	248 = (70,25%)	92 = (26,08%)	13 = (3,68%)

A. Von Schussverletzungen grösserer Nerven wurden
beobachtet . . . . 12, nämlich:
1. des N. facialis . . . 1
2. des plex. brachialis . 2
3. des N. radialis . . . 2
4. des N. ulnaris . . . 5
5. des N. medianus . . 2

B. Arterienligaturen wurden angelegt an der
Art. subclavia dextra . . 1 (gestorben)
Art. brachialis . . . . 2 (geheilt).

C. Grössere Operationen.

	Zahl	geheilt	gestorben
1. Amputationen			
a. Amp. humeri	2	2	—
b. Amp. antibrachii . . .	3	1	2
2. Resectionen			
a. am Ellenbogengelenke . .	3	2	1
b. am Handgelenke . . .	1	1	—
c. am Hüftgelenke	1	1	—
d. in den Tarsalgelenken .	2	2	—
3. Exarticulationen			
des Fingers	1	1	—
Summa . .	13	10 (76,92 %)	3 (23,07 %)

D. Von den Verwundeten starben 13, nämlich an:

a. Meningitis 1
b. Pyopneumothorax . . . 2
c. Pleuritis (Hydraemie) . . . 1
d. Pleuritis (Verblutung) . . . 1
e. Typhus 1
f. Pyaemie 6
g. Tetanus 1

E. An Hospitalbrand erkrankten 11.

Bemerkungen zur Tabelle: In der Rubrik „unvollständig genesen" wurden alle die mit aufgeführt, welche, zur Zeit noch nicht vollkommen geheilt, in ein anderes Lazareth übertransportirt wurden, wie das besonders mit den Franzosen sehr oft geschah. Die Meisten der so nach anderen Lazarethen Evacuirten sind im Verlaufe der letzt vergangenen Zeit g e h e i l t nach einer Festung oder nach Frankreich entlassen, so dass also von diesen eine wesentlich kleinere Zahl unter die „unvollständig Genesenen" gerechnet werden muss. — Ausserdem wurden in dieser Rubrik alle diejenigen aufgeführt, bei denen in Folge der Verletzung eines grösseren Nerven Lähmungen zurückblieben, im Ganzen 12; ferner diejenigen, welche mit nur beschränkter Beweglichkeit der Gelenke entlassen wurden, nämlich 29, ferner 1 mit Anchylose im Schultergelenke, 1 mit Anchylose im Humero-Radialgelenke, 1 mit Anchylose im Handgelenke, 1 mit solcher eines Phalangealgelenkes, 2 mit solcher des Kniegelenkes, im Ganzen 6 Anchylosen, endlich 1 mit Verlust des Auges, 1 mit einseitiger Taubheit, 1 mit einer Harnfistel.

II.

Statistik meiner Verwundeten im Reservelazareth Welfencaserne V.

Da mir vom Reservelazareth Nr. 5 keine Journalblätter zur Verfügung standen, so kann ich nur die Statistik meiner beiden Abtheilungen geben, über welche ich mir selber meist hinlänglich genaue Notizen gemacht habe.

Von den 199 dort von mir behandelten Patienten waren 138 im Felde verwundet, 61 anderweitig erkrankt, nämlich:

an Druckwunden der Füsse	3
„ Abscess nach Variola . .	1
„ Intermittens	8
„ Gastroenteritis	6
„ Dysenterie	22
„ Typhus	7
„ Rheumat. musc. s. artic.	4
„ Pleuritis exsudat.	1
„ Bronchialcatarrh	3
„ Bronchiectasie	1
„ Tubercul. pulmon.	1
„ Vertigo epileptica	1
„ Vitiligo	1
Simulanten	2

Sämmtliche Dysenteriekranke kamen von Sedan her, entweder mit fast überstandener, oder noch florider Erkrankung; einige erkrankten unmittelbar nach ihrer Ankunft im Lazarethe. Die Typhen datiren bis auf 2 von Strassburg und Metz her. 2 erkrankten in den ersten 8 resp. 14 Tagen nach ihrer Ankunft hier. Von sämmtlichen „innerlich" Kranken ist nur 1 an ausgebreiteter genuiner Bronchiectasie gestorben.

Von den Verwundeten starb einer am Typhus am dritten Tage seines Aufenthalts im Lazarethe, durch einen Sturz aus dem dritten Stockwerke, und wurde erst bei der Section die Diagnose aufgehellt. Da seine Wunden längst geheilt waren, so habe ich ihn in der Verwundeten-Tabelle nicht mit aufgeführt.

Reservelazareth Welfencaserne V., Station I. und III.

Anzahl der Verwundeten 138

sämmtlich Franzosen, der Mehrzahl nach bei Wörth und Metz verwundet, ein Theil bei Sedan, mehrere aus den Festungen Strassburg und Metz, wenige auch bei den Decemberausfällen um Paris verwundet.

Es kamen mir daselbst nur Schusswunden zur Beobachtung 138.

Verletzungen der einzelnen Körpertheile.	Wunden der Haut	Wunden der Haut und angrenz. Weichtheile	Knochen-Contusionen	Knochen-Fracturen	Gesammtzahl	Amputationen	Resectionen	Extractionen von grösseren Splittern	Kugeln	Vollständig genesen	Unvollständig genesen	Gestorben
I. Verletzungen des Kopfes:												
1) des Schädeldaches	—	—	1	—	1	—	—	1	—	1	—	—
2) der Stirn	—	—	—	—	—	—	—	—	—	—	—	—
3) des Auges	—	—	—	—	—	—	—	—	—	—	—	—
4) des Ohres (pr. mast.)	—	—	—	1	1	—	—	—	—	1	—	—
5) des Oberkiefers	—	—	—	—	—	—	—	—	—	—	—	—
6) des Unterkiefers	—	—	1	2	3	—	—	2	—	2	1	—
Summa	—	—	2	3	5	—	—	3	—	4	1	—
II. Verletzungen des Rumpfes:												
1) der vorderen Halsgegend	3	4	—	—	7	—	—	—	—	6	1	—
2) der Nackenhalsgegend	3	1	—	—	4	—	—	—	—	4	—	—
3) der Brust	5	—	—	2	7	—	—	1	—	7	—	—
Sternocostalgel.	—	—	1	—	1	—	—	—	—	1	—	—
4) des Rückens	4	2	—	—	6	—	—	—	—	6	—	—
5) des Bauches	1	—	—	—	1	—	—	—	—	1	—	—
6) des Beckens	1	—	—	—	1	—	—	—	—	1	—	—
7) der Gesässgegend	—	—	—	—	—	—	—	—	—	—	—	—
8) der Geschlechtstheile	—	—	—	—	—	—	—	—	—	—	—	—
Summa	17	7	1	2	27	—	—	1	—	26	1	—

Reservelazareth Welfencaserne V., Station I. und III.

Verletzungen der einzelnen Körpertheile.	Wunden der Haut	Wunden der Haut und angrenz. Weichtheile	Knochen-Contusionen	Knochen-Fracturen	Gesammt-zahl	Amputationen	Resectionen	Extractionen von		Vollständig genesen	Unvollständig genesen	Gestorben
								grösseren Splittern	Kugeln			
III. Verletzungen der oberen Extremitäten:												
1) der Schultergegend:												
a. Schlüsselbein	—	—	1	2	3	—	—	—	—	3	—	—
b. Schulterblatt	—	1	2	—	3	—	—	2	—	3	—	—
c. Schulterhöhe	3	—	—	—	3	—	—	—	—	3	—	—
d. Schultergelenk	—	1	—	2	3	—	1	2	—	1	2	—
2) des Oberarms	3	6	3	7	19	1	—	4	—	15	4	—
3) des Ellenbogengelenks	—	1	—	5	6	3	—	1	1	4	2	—
4) des Vorderarms:												
a. Weichtheile	—	5	—	—	5	—	—	—	—	4	1	—
b. Radius	—	—	2	1	3	—	—	1	—	3	—	—
c. Ulna	—	—	3	3	6	—	—	2	—	4	2	—
d. beide Knochen	—	—	—	5	5	—	—	3	1	1	4	—
5) des Handgelenks	—	—	—	—	—	—	—	—	—	—	—	—
6) der Mittelhand	2	—	1	1	4	—	—	—	—	3	1	—
7) der Phalangen	—	—	—	3	3	2	—	—	—	3	—	—
Summa	8	14	12	29	63	6	1	15	2	47	16	—
IV. Verletzungen der unteren Extremitäten:												
1) des Hüftgelenks	—	1	—	—	1	—	—	—	—	1	—	—
2) des Oberschenkels	7	12	—	—	19	—	—	—	—	19	—	—
3) des Kniegelenks	3	—	—	—	3	—	—	—	—	3	—	—
4) des Unterschenkels	6	4	2	1	13	—	—	1	—	13	—	—
5) des Tibiotarsalgelenks	2	—	—	—	2	+	—	—	—	2	—	-/-
6) des Tarsus	2	—	1	—	3	—	—	1	—	3	—	—
7) des Metatarsus	—	—	1	—	1	—	—	1	—	1	—	—
8) der Phalangen	—	—	—	1	1	—	—	—	—	1	—	—
Summa	20	17	4	2	43	—	—	3	—	43	—	—

Zusammenstellung der Schusswunden auf meinen Stationen in dem Reservelazareth 5, Welfenkaserne.

Verletzungen.	Wunden der Haut	Wunden der Haut und angrenz. Weichtheile	Knochen-Contusionen	Knochen-Fracturen	Gesammtzahl.	Amputationen	Resectionen	Extractionen von grösseren Splittern	Kugeln	Vollständig genesen	Unvollständig genesen
I. des Kopfes.............	—	—	2	3	5	—	—	3	—	4	1
II. des Rumpfes............	17	7	1	2	27	—	—	1	—	26	1
III. der oberen Extremitäten ..	8	14	12	29	63	6	1	15	2	47	16
IV. der unteren Extremitäten .	20	17	4	2	43	—	—	3	—	43	، -
Summa.....	45	38	19	36	138	6	1	22	2	120 = (86,95%)	18 = (13,04%)

Von Schussverletzungen grösserer Nerven wurden beobachtet 5:

    1. des Vagus 1
    2. des Hypoglossus . . . 1
    3. des plexus brachialis . 2
    4. des N. radialis . . . 1
                  5

An „Hospitalbrand" der Wunden erkrankten 6.

Bemerkungen zur Tabelle: Die 6 unter der Rubrik „Amputationen" aufgeführten Fälle involviren ausser 3 Amputationen des Oberarmes noch 1 Exarticulation des Oberarmes und 2 Fingerexarticulationen; alle 6 Operationen sind in anderen Lazarethen gemacht. Die Operirten kamen mit meist schon vernarbenden Wundflächen in meine Behandlung. Die eine Resection des Schultergelenks wurde von mir 2 Monate nach der Verletzung gemacht; sie wird weiter unten nähere Besprechung erfahren.

———

Unter den 22 hier verzeichneten „Extractionen grösserer Splitter" sind einige Sequestrotomien mit inbegriffen. Ausserdem wurden natürlich auch noch sehr häufig kleine Splitter entfernt, ohne dass es notirt wurde.

Das auffallend günstige Verhältniss der vollständig zu den unvollständig Genesenen in dieser Tabelle, gegenüber denen der vorigen, findet zum Theil wohl darin seine Erklärung, dass etwa 2 Drittheile

2

aller Verwundeten erst 3 bis 4 Wochen nach der Verletzung aus
anderen Lazarethen in das Reservelazareth Nr. 5 kamen, während
nicht ganz ein Drittheil früher, und der Rest etwa ebenso früh nach
der Verletzung in meine Behandlung kam, wie die Mehrzahl der
Verwundeten des Schützenhauses; zum Theil darin, dass sie meist
länger im Lazarethe verblieben. — Unter die „unvollständig Genesenen" habe ich einen Fall mit umfänglicher Periostitis des Unterkiefers und Neurom der Lippennarbe gerechnet, ferner eine Contractur der Halsmuskeln, eine solche des Ellenbogengelenkes, zwei
Anchylosen desselben Gelenkes, eine solche des Handgelenkes, zehn
Fälle von beschränkter Beweglichkeit verschiedener Gelenke, in Folge
von Nerven- oder Muskellähmungen oder von voluminöser Callusbildung, endlich zwei, wenn auch voraussichtlich bald, so doch bislang noch nicht zur Heilung gelangte Fälle von Humerusfracturen,
nämlich eine des Kopfes, eine des Halses.

III.

Zusammenstellung beider Tabellen.

Verletzungen.	Wunden der Haut	Wunden der Haut und angrenz. Weichtheile	Knochen-Contusionen	Knochen-Fracturen	Ge-sammt-zahl	Extraction von grösseren Splittern	Extraction von Kugeln	Voll-ständig-genesen	Unvoll-ständig genesen	Gestorben
I. des Kopfes...............	9	8	9	8	34	7	3	26 = (76,5%)	7 = (20,6%)	1 = (2,9%)
II. des Rumpfes............	42	38	6	7	93	4	6	82 = (88,2%)	6 = (6,4%)	5 = (5,4%)
III. der oberen Extremitäten..	24	76	33	65	198	36	7	120 = (60,6%)	73 = (36,8%)	5 = (2,6%)
IV. der unteren Extremitäten.	47	89	18	12	166	12	8	140 = (84,3%)	24 = (14,5%)	2 = (1,2%)
Summa.....	122	211	66	92	491	59	24	368 = (74,94%)	110 = (22,4%)	13 = (2,64%)

Im Allgemeinen kann man beide Tabellen nicht gut mit solchen über das Material eines Feldlazareths vergleichen, da in letzterem durchschnittlich mehr schwere Fälle zurückbehalten werden. Besonders trifft dies für die perforirenden Höhlenwunden, für die Schussfracturen der langen Unterextremitätenknochen, des Hüft-, Knie- und Fussgelenkes, von denen nur zufällig einmal ein Fall in die Reservelazarethe kommt. Daher ist auch die Mortalität im Feldlazarethe überhaupt, aber besonders in den ersten Tagen auffallend grösser als im Reservelazareth. — Gleichwohl ist eine Vergleichung meiner Tabellen mit denen von Stromeyer („Erfahrungen über Schusswunden im Jahre 1866") und von Maas („Kriegs-Chirurgische Beiträge, Habilitationsschrift, Breslau 1869") in mehrfach anderer Beziehung nicht bloss interessant, sondern auch gerechtfertigt. So ergiebt sich z. B. die Gesammtmortalität der in meinen beiden Tabellen notirten 491 Schussverletzten (mit 13 Todten) nur zu $2,_{64}\%$, während sie bei Stromeyer (l. c.) $12,_{90}\%$ beträgt, und bei Maas (l. c.) sogar bis zu $23,_{57}\%$ steigt (was zum Theil wohl in dem grösseren Procentsatze schwerer Knochenfracturen bei Letzterem begründet ist); gleichwohl erreicht bei meinen (14) Operirten (hierzu rechnete ich bloss diejenigen, bei welchen in unseren Lazarethen eine Exarticulation, Amputation oder Resection gemacht wurde, und liess deshalb auch die 6 oben in der Tabelle des Reservelazareth 5 Welfencaserne verzeichneten Exarticulationen und Amputationen hier absichtlich fort) die Mortalität eine Höhe von $21,_{04}\%$, welche derjenigen der Exarticulirten, Amputirten und Resecirten bei Stromeyer von $30,_{70}\%$ doch ziemlich nahe kommt, dagegen von der Mortalitätsziffer der auf gleiche Weise Operirten bei Maas, nämlich $52,_{00}\%$ weit überholt wird.

Geht man diesem eigenthümlichen Verhältnisse näher bei, so könnte es zunächst so erscheinen, als würde die Gesammtmortalität zum grossen Theil bestimmt durch die Häufigkeit der genannten Operationen. Man findet nämlich das Verhältniss der Zahl der Operirten zu der Gesammtsumme der Verwundeten folgendermassen:

in meiner Tabelle zu $2,_{08}\%$
bei Stromeyer zu $9,_{62}\%$
bei Maas zu $11,_{78}\%$

Daraus aber den praktischen Grundsatz ableiten zu wollen, dass jedenfalls die exspective Behandlung von Schussverletzten oben anzustellen sei, ist man keinesfalls berechtigt. Im Gegentheil beweist eine einfache Rechnung, welche das eben angegebene Procentverhältniss der Operirten zur Gesammtzahl mit dem Procentverhältniss der nach Operationen Gestorbenen zur Zahl aller Operirten

2*

in den citirten Tabellen vergleicht, dass die Sterblichkeit der
Operirten durchaus nicht gleichen Schritt hält mit
der Häufigkeit der Operationen überhaupt. Man findet
dies einfacher, wenn man die nach Operationen Gestorbenen mit
den übrigen Gestorbenen procentisch vergleicht.

Es sind nämlich von der Gesammtsumme der Gestorbenen nach
Operationen gestorben bei Stromeyer 20,52 %
            bei mir   23,07 %
            bei Maas   26,00 %

Demnach stellt sich der — wenn ich mich so ausdrücken darf —
Mortalitätswerth der Operationen wesentlich anders dar, als man
dies a priori vermuthen konnte.

Alle diese durch einfache statistische Vergleichungen gewonnenen
Zahlenwerthe lassen sich — wenn anders man aus solchen verhältnissmässig kleinen Vergleichungszahlen allgemeine Schlüsse ziehen
darf — ungezwungen folgendermassen interpretiren:

Im Allgemeinen ist die Mortalität in einem Reservelazareth bedeutend geringer als in einem Feldlazareth, aus leicht begreiflichen, übrigens schon oben angedeuteten Gründen.

Die Häufigkeit der Todesfälle nach Operationen
bei Schussverletzungen steigt im Allgemeinen, aber
nicht im geraden Verhältnisse mit der Häufigkeit der
Operationen.

Dagegen ist die Zahl der nach Operationen Verstorbenen im
Vergleich zu den ohne Operation Verstorbenen in unseren Reservelazarethen verhältnissmässig grösser als in den Feldlazarethen von
Stromeyer und Maas, obwohl wir bedeutend weniger Operationen
hatten, bei gleichzeitig im Ganzen weniger schweren Verletzungen.
Damit ist auf einem Umwege bewiesen, dass die primären Exarticulationen, Amputationen, Resectionen eine geringere Mortalität,
resp. ein günstigeres Resultat darbieten, als die gleichen in-
termediären resp. secundären Operationen. Denn in unseren, wie
wohl überhaupt in allen Reservelazarethen kamen primäre Operationen gar nicht vor, dagegen zum Theil intermediäre, zum Theil
secundäre nach Ablauf aller Entzündungserscheinungen, während in
einem Feldlazareth die Mehrzahl der überhaupt Operirten primär
operirt wird. — Ob und in welchem Maasse neben dem unzweifelhaften Einflusse der Qualität der einzelnen Schussverletzungen noch andere Momente, wie die localen Verhältnisse,
die Operationsmethoden, die Art der Behandlung etc. auf den günstigen oder ungünstigen Verlauf der Operationen einwirken, vermag

ich aus meiner für diese Verhältnisse nicht zureichenden Statistik nicht zu constatiren. Doch kann dergleichen wohl vermuthet werden. Immerhin auffallend, will sagen erfreulich ist das äusserst günstige Resultat, welches Stromeyer bei seinen Operationen erzielte. Es spricht dasselbe im Allgemeinen recht klar für den Werth der von ihm aufgestellten Principien der Schusswundenbehandlung im weitesten Sinne des Wortes.

Als Verbandmaterial wurde überwiegend die Carbolsäure in den verschiedenen, jetzt gebräuchlichen Formen und Modificationen angewendet. Einzelnen, stark gequetschten Wunden liess ich erfolgreich mit verdünntem Chlorwasser befeuchtete Compressen auflegen. Ausserdem kamen hin und wieder hydropathische Einwickelungen zur Anwendung. Von Kataplasmen wurde wenigstens auf meinen Abtheilungen für Wunden nie Gebrauch gemacht. — Die Wunden wurden stets mittelst des Esmarch'schen Wundirrigators bespült, gewöhnlich mit schwacher Chamäleonlösung; die Charpie etc. stets mit Pincetten von den Wunden genommen. Diese Art der Behandlung, welche sicher mehr ist als eine blosse „Kosmetik" der Wunde, ist jetzt so allgemein eingebürgert, dass sie, als selbstverständlich, eigentlich kaum erwähnt werden sollte. Die Verbandstücke wurden je nach dem Bedürfniss bald mit Binden, bald mit dreieckigen Tüchern lose zusammengehalten. Im Ganzen wurden möglichst einfache und doch zweckentsprechende Verbände angestrebt. In ausgedehntem Maasse aber wurde besonders in der ersten „Entzündungsperiode" der Schussverletzungen, oft aber auch Wochen lang das Eis in Blasen aufgelegt. In einer Reihe von Fällen habe ich die Antiphlogose sehr zweckmässig durch Auflegen von häufig gewechselten Kaltwassercompressen, noch wirksamer durch mehr oder minder langdauerndes Baden der betreffenden Glieder in kühlem Wasser ersetzt. Ich liess so meist verwundete Arme in eine Zinkwanne, gefüllt mit etwa 12°, 18°, 20° C. kühlem Wasser, halbe bis ganze Stunden lang mehrmals am Tage einlegen und erzielte dadurch meist eine sehr kräftige Abschwellung der entzündeten Partien; zugleich konnte ich in einigen Fällen eine unzweifelhafte Abnahme nicht bloss des localen Schmerzes, sondern auch des Fiebers beobachten. Den meisten Patienten war diese Antiphlogose erwünscht und angenehm, und zogen sie dieselbe sogar der mehr concentrirten Wärmeentziehung durch Eis vor.

Gypsverbände wurden auf anderen Abtheilungen mehrfach angelegt, auf meiner auch einige Male. Sie mussten, wenn in der ersten oder zweiten Woche nach der Verletzung angelegt, gewöhnlich bald wieder abgenommen werden*).

Dieselbe Beobachtung machte ich auch auf anderen Abtheilungen. Meist zwangen zur Abnahme des Verbandes Schmerzen in der Wunde und ihren Umgebungen, bei gleichzeitigem Fieber, welches man nach Abnahme des Verbandes sehr oft durch eine Eitersenkung oder eiterige Phlegmone bedingt fand. Häufig nöthigte dazu das Vorquellen der Wundränder aus den Fenstern des Verbandes, was, obwohl es von Pirogoff**) für unbedeutend gehalten wird, in der That doch recht unangenehm ist. Es drängten sich durch die Fenster die Hautumgebungen der Wunde, während zugleich die in Folge des Druckes auf dem Fensterrande ödematösen Granulationen in Form einer wulstigen, schwammigen Masse vorquollen. Diese, wie Gallerte aussehenden ödematösen Granulationswülste waren vollkommen unempfindlich, liessen übrigens nur wenig dünnes Secret aus der zusammengedrängten Wundöffnung austreten. Zu bemerken ist hierbei, dass der Gypsverband sonst vortrefflich lag, dass die Patienten selber nicht die geringste Klage äusserten. (Ich umwickele stets erst das Glied mit Watte und einer Flanellbinde und lege dann erst die gegypste Gazebinde an; die Fenster schneide ich nachträglich aus, und umziehe den Fensterrand mit Glaserkitt, was ich als den besten Schutz gegen die Durchnässung der Watte empfehlen kann.) Die Weichtheile drangen zum Fenster heraus, weil sie da den geringsten Widerstand trafen. Wurde der Gypsverband unter solchen Verhältnissen am Gliede belassen, wie in den ersten von mir beobachteten Fällen, so starb in der Folge die ganze ödematöse Granulationsmasse necrotisch ab, und es restirte schliesslich eine etwas grössere und mehr vertiefte Granulationsfläche mit guter Eiterung. Dass in der That der Causalnexus dieser Erscheinungen der geschilderte war, bewies die sofortige Abschwellung der ödematösen Granulationen nach Entfernung des Gypsverbandes. In

---

*) Als „Transportverband" ist der Gypsverband bei Schussverletzungen nicht ohne Weiteres zu empfehlen. Ich hatte während meiner Stellung als Chefarzt des Hannoverschen Sanitätszuges wiederholt Veranlassung, die Gypsverbände aufzuschneiden, meist weil die Wunden durch fortwährende Reibung an den Fensterrändern zu sehr gereizt wurden. Jedenfalls muss er für den Transport, besonders solcher mit Schussfracturen der Ober- und Unterschenkels, ungemein vorsichtig und sorgfältig angelegt werden; wo aber viele Fenster nöthig sind (bei einem von mir Transportirten mit fünf grossen Fenstern), besser durch einen andern Verband ersetzt werden. Dass etwa mangelhaftere Federeinrichtungen bei uns daran Schuld waren, ist nicht wahrscheinlich, da auch von anderen Sanitätszügen Gleiches berichtet wird.

**) N. Pirogoff, Grundzüge der Kriegschirurgie. Leipzig 1864.

einigen wenigen Fällen jedoch wurden Gypsverbände am gebrochenen Humerus und Vorderarm sehr gut von Anfang an bis zur Heilung vertragen. — Nach Ablauf aller Entzündungserscheinungen wurde behufs der Fixirung verletzter Knochen oder Gelenke in einer bestimmten Richtung öfter mit Vortheil vom Gypsverband Gebrauch gemacht.

Uebrigens bin ich weit entfernt, das Anathem gegen den Gypsverband zu unterschreiben. Man hat ihm sicher oft mit Unrecht Vorwürfe gemacht; man hat ihn verantwortlich gemacht für Ereignisse, welche oft genug in der Natur der Verletzung begründet sind. Auch darf man nicht glauben, dass ein immerhin in vieler Hinsicht vorzüglicher Verband für Alles und zu jeder Zeit passt, endlich noch weniger sich darüber verwundern, wenn er, schlecht angelegt, nicht das leistet, was man erwartet. — Wenn wir auch die enthusiastischen Hoffnungen, welche Pirogoff (1. c.) an diesen Verband knüpfte, nicht theilen können, so muss man ihm doch immerhin für die Einführung dieses Verbandes in die Praxis danken. Denn es ist in der That ein guter Verband und wird es hoffentlich auch bleiben, wenn die Aerzte sich die Mühe geben, ihn stets zur rechten Zeit und mit rechter Sorgfalt anzulegen und zu überwachen. Jedoch, und dies wiederhole ich hier, für die erste Zeit der Schussverletzungen ist das Gebiet seiner Anwendbarkeit doch wohl nur ein sehr beschränktes.

Ich habe, wie schon bemerkt, besonders in der ersten Zeit nach der Verletzung bei meinen Schussverletzten mehr andere, je nach dem Bedürfniss verschiedene Verbände verwendet, wovon ich hier nur den einen erwähnen will, da ich ihn in keinem der von mir besuchten Lazarethe, Krankenhäuser und Kliniken im Gebrauch gesehen habe, ausser im hiesigen städtischen Krankenhause, wo ich ihn als Assistent der chirurgischen Abtheilung selber erst erlernt habe, nämlich den mit Pappkapseln. Diese formte ich in zwei Hälften genau nach dem verletzten Gliede, indem ich zwei für Aussen- und Innenfläche des Gliedes besonders entworfene Aufrisse des Gliedes aus starker Pappe ausschnitt, diese auf der zukünftigen Hohlfläche mit warmem Leimwasser befeuchtete, um sie zu einer Hohlrinne ausbiegen zu können. Vortheilhaft fixirt man die noch etwas unvollkommenen Hohlrinnen an dem entsprechenden, gleichmässig bandagirten, gesunden Gliede eines Andern mit Binden, um sie ganz der Form des Gliedes adaptiren zu können. Sie stellen dann, trocken geworden, hinlänglich feste Pappkapseln dar, welche dem verletzten Gliede ausreichenden Halt geben.

Sie werden von beiden Seiten an das mit Compressen einfach

verbundene Glied angelegt, nachdem sie ganz mit einer Lage Watte ausgekleidet sind, über welche man zweckmässig zur Verhütung der Durchnässung Wachsleinwand legen kann. Beide Rinnen befestigt man am Gliede durch etwa 3 Gurte mit Esmarch'schen Schnallen. Sie gewähren annähernd dieselbe Festigkeit wie irgend ein anderer inamobiler Verband und haben vor allen voraus, dass man sie stets bequem und leicht abnehmen kann, ohne ihre Integrität zu schädigen. Behufs des Verbindens der Wunde werden die Gurte gelöst, die Kapselflügel auseinandergeklappt, und nun hat man das ganze Glied vor sich. Solche Kapseln aus starker Pappe dauern oft 4 bis 6 Wochen aus, ehe sie lädirt werden; natürlich würden sie noch an Haltbarkeit gewinnen, wenn man sie vielleicht mit Wasserglas bestreichen würde.

Die vorzügliche Badeeinrichtung im Reservelazareth Schützenhaus gestattete es, jedem Patienten, dessen Wunden und Allgemeinzustand es zuliessen, mehrmals wöchentlich die Wohlthat eines warmen Bades zu gewähren. Geradezu heilsam waren dieselben bei Contracturen, Paresen, Paralysen, difformem Callus etc.

Soll ich noch ein Wort über die Krankenpflege sagen, so war sie im Ganzen wirklich vorzüglich. Neben dem officiellen Institute der Lazarethgehülfen und Krankenwärter wirkten mit wahrer Aufopferung die barmherzigen Schwestern vom hiesigen Kloster, mit nicht minderer Hingabe und Ausdauer mehrere Damen des hiesigen Frauenvereins der freiwilligen Krankenpflege.

Ich muss überhaupt gestehen, dass Frauen, wenn sie für den Lazarethdienst förmlich eingeübt sind, in vieler Beziehung besser zu pflegen verstehen als Männer; sind sie freilich nicht im strengen Lazarethdienste erzogen, dann ist es vortheilhafter, sie bleiben der unmittelbaren Krankenpflege fern. Sie werden immerhin reichlich Gelegenheit finden, sich nützlich zu machen, wenn sie, wie das auf dem Schützenhause und ebenso auf der Welfencaserne einige Damen Monate lang auf das Rühmlichste durchführten, die Verwaltung der Verband- und Nahrungsmittel leiten und die Aufsicht der Küche übernehmen etc. — Stets halte ich es aber für unumgänglich nothwendig, dass sie sich ebenso, wie das gesammte übrige Pflegepersonal, unter die Oberleitung des dirigirenden Arztes, und zwar nur des Arztes stellen.

IV.

Verletzungen einzelner Körpertheile.

1. Verletzungen des Kopfes.

Von den Verletzungen des Kopfes wurden 76,5 % vollständig, 20,6 % unvollständig geheilt, 2,9 % starben.

Fall 1. Streifschuss des Schädels. Gehirnabscess. Tod.

Unter den Verletzungen des S c h ä d e l s erwähne ich einen Fall von S t r e i f u n g d e s *os parietale sinistr.* durch eine Kugel, bei dem 21 Tage lang absolut keine Erscheinungen einer Läsion der Schädelhöhle bemerkbar waren. Locales Aussehen der Wunde und Allgemeinbefinden bis dahin vorzüglich; am 21. Tage nach der Verletzung Zeichen von Hirnreizung, Uebelkeit, Erbrechen, Kopfschmerzen, Schwindel, gleichzeitig Schwellung der linken Kopfhälfte, in der Folge zunehmende Apathie, schwerfällige Sprache, unvollkommene Antworten, dabei anfangs kleiner, frequenter, dann unregelmässiger, langsamer Puls. Patient musste katheterisirt werden; später traten deutlichere Depressionserscheinungen auf, wie stertoröse Respiration, Sopor, Incontinentia urinae et faecium. Am 25. Tage nach der Verletzung erfolgte der Tod. Bei der S e c t i o n fand man in der Umgebung der Wunde dicken, grünlichen Eiter auf der Galea und unter dem Pericranium, welches in einer Ausdehnung von 3″ vom Knochen abgehoben war. Das os parietale zeigte nur eine s e i c h t e I m p r e s s i o n der Tabula externa. Derselben entsprechend war die Tabula vitrea leicht gesplittert, die Dura mit Eiter bedeckt, die Rinde der linken Hemisphäre gelbgrünlich verfärbt, in ihr ein n u s s g r o s s e r A b s c e s s, die Marksubstanz blutreich. An der rechten Hemisphäre war ausser leichter Trübung der Meningen nichts zu bemerken.

Fall 2. Streifung des rechten arcus supercil., Lähmung. Heilung.

Ein anderer ähnlicher Fall (Streifschuss auf dem r e c h t e n *arcus superciliaris* mit Splitterung des Knochens) liess sofort eine ausgesprochene L ä h m u n g d e s r e c h t e n A r m e s bei gleichzeitiger Schwäche beider Unterextremitäten erkennen. Localerscheinungen waren nur mässig. In der Folge wurden wiederholt kleinere Stücke, endlich eine grössere Knochenplatte entfernt. Am 120. Tage nach der Verletzung war die Lähmung und Schwäche fast vollständig verschwunden.

Fall 3. Schussfractur des Stirnbeins. Splitterextraction. Heilung.

Bei einem französischen Artilleristen (6. August. Wörth) fand sich
ausser 12 anderen meist leichteren Weichtheilschüssen noch eine Schussfractur des rechten Stirnbeins mit Sprengungen bis in die Glastafel. Die
Gehirnerscheinungen waren nur gering. Bis Mitte October wurden all-
wöchentlich Splitter entfernt. Patient wird mit noch offener Stirnwunde
Mitte December 1870 nach dem Welfenschlosse evacuirt.

Fall 4. Schussverletzung des linken Bulbus oculi. Heilung.

Ein Schuss durch das linke Jochbein hatte den linken
Bulbus verletzt. Der Bulbus war eingesunken, die Cornea milchig trübe.
Am 9. Tage nach der Verletzung entstand eine starke arterielle Blutung aus der Wunde, welche durch längere Digitalcompression der A. tem-
poralis gestillt wurde. Die Heilung war durch wiederholte Splitterlösungen
bis zum Beginn des 5. Monats (nach der Verletzung) verzögert.

Drei Male beobachtete ich Verletzungen des *processus mastoideus,*
welche alle heilten, zwei Male allerdings mit Verlust des Gehöres.
Bei der Untersuchung mit dem Ohrspiegel fand ich gewöhnlich zunächst den Gehörgang bedeutend verengt, ein Mal, wo er vollständig quer durchschossen war, bis auf eine feine Oeffnung narbig
verschlossen. Das Trommelfell war mit Granulationen bedeckt,
später trübe, narbig geschrumpft, eingezogen und mit dem Promon-
torium verwachsen. In einem Falle war auch die Schallleitung durch
die Kopfknochen auf der verletzten Seite vollständig aufgehoben.
Zwei Male gelang es, durch wiederholte Application von Ohrkathe-
tern und Laminariastiften den narbig-verengten Gehörgang fast bis
auf seine normale Weite wieder auszudehnen. Bei dem Einen von
diesen wurde das gleichzeitig fetzig zerrissene Ohr durch wiederholte kleine Operationen in eine „menschliche Form" gebracht.

*Fall 5. Schussfractur des linken Oberkiefers, Lähmung des Facialis.
Heilung.*

Eine Kugel, welche dicht hinter dem linken proc. mastoideus einschlug
und quer durch den entsprechenden Oberkiefer, unterhalb des linken foramen
infraorbitale herausdrang, hatte wahrscheinlich den linken N. facialis zerrissen. Bis heute (nach fast einem Jahre) ist noch keine Besserung der
Lähmung bemerklich.

Für die Verletzungen des Unterkiefers hatten wir keinen
besonderen fixirenden Verband nöthig. Beschwerden machten ge-

wöhnlich Zahnsplitter, welche zu entfernen die Patienten öfter selber baten. Sie unterhalten, in der Alveole belassen, eine stete Reizung und Schwellung des Periosts sowohl der Alveole, wie des Unterkieferknochens selber, und machen viele Schmerzen, ohne etwas zu nützen, da sie wohl fast niemals anheilen. Lockere ganze Zähne sah ich allerdings öfter wieder festwerden. — Eine haselnussgrosse, mässig harte, sowohl spontan, wie noch mehr bei Druck schmerzhafte Geschwulst in der Lippennarbe eines Franzosen mit einfacher Schussfractur des Unterkiefers (Mittelstück), hielt ich für ein Narbenneurom. — Die Excision wurde mir verweigert.

2. Verletzungen des Rumpfes.

Von den Verletzungen des Rumpfes wurden 88,2 % vollständig geheilt, 6,4 % unvollständig geheilt, 5,4 % starben.

Unter den Verwundungen des Halses ist besonders bemerkenswerth ein Schuss quer durch den Hals resp. den Boden der Mundhöhle.

Fall 6. Schuss durch den Hals. Lähmung des Hypoglossus. Heilung.

Beide Oeffnungen befanden sich beiderseits dicht unter dem Kieferwinkel. Die Zunge lag wie ein welkes Blatt fast unbeweglich und zusammengesunken auf dem Boden der Mundhöhle. Wenn ich den Patienten aufforderte, die Zunge herauszustrecken, oder zu sprechen, so erfolgten nur zitternde, fibrilläre Bewegungen in einzelnen Partien der Zunge, während sie selber schlaff und unverrückbar liegen blieb. Mit dem Spatel liess sie sich dagegen leicht in die Höhe richten, um, freigelassen, sofort kraftlos niederzusinken. Sensibilität und Geschmacksempfindung waren in nur geringem Grade abgeschwächt. Wenn man Salz auf die Zunge legte, so gab Patient den Geschmack genau an; auch reagirte die Zungenmuskulatur auf diesen starken Reiz etwas, aber nur durch schwache Undulationen einzelner centralgelegener Partien. Kauen und Schlucken fester Bissen war unmöglich; dieselben blieben in der Mundhöhle liegen, da sie der schlaffe, nach hinten abwärtsgesunkene Zungengrund nicht gegen den Rachen zu drücken vermochte. Flüssigkeiten wurden geschluckt, wenn der Patient sie bei stark rückwärtsgebogenem Kopfe aufnahm, oder wenn er sie durch eine rasche Rückwärtsbewegung des Kopfes nach hinten schleuderte. — Auch die Sprache war in Folge der Unbeweglichkeit und Schlaffheit der Zunge unverständlich — als „hätte er Brei im Munde." — Ich glaubte hier eine Lähmung beider *Hypoglossi* annehmen zu müssen, sowohl nach den wesentlichsten physiologischen Störungen, wie der anatomischen Lage und

Richtung des Schusskanals entsprechend. — In der Folge stiess sich das Epithel der Zunge mehrmals ab, sehr allmählich besserte sich auch die Lähmung; am frühesten wurde die Sprache wieder deutlich, der Zungengrund wölbte sich mehr und mehr, während gleichzeitig die Spitze ein wenig gehoben werden konnte. Bei seiner Entlassung (etwa 6 Monate nach der Verletzung) hatte die Zunge fast ihre volle Beweglichkeit und Leistungsfähigkeit wieder erlangt. Eine besondere Behandlung war nicht angewandt worden. Ich liess ihm nur kräftige, allmählich concentrirtere flüssige Nahrungsmittel geben.

Bei zwei anderen französischen Soldaten, welche einen Schuss von hinten nach vorn durch die seitliche untere Halsgegend erhalten hatten, vermuthete ich eine Verletzung des *Vagus*. Bei Beiden war das Respirationsgeräusch auf der entsprechenden Brusthälfte wesentlich schwächer als auf der gesunden, beide hatten kleinen, frequenten Puls, klagten öfteren Hustenreiz und Herzklopfen, während bei Beiden eine genaue physikalische Untersuchung der Brustorgane, ausser dem Angeführten, nichts constatiren konnte.

Bei einem anderen, gleichfalls, aber mehr schräg durch die linke seitliche Halsnackengegend Geschossenen dagegen fand ich eine deutliche Dämpfung an der betreffenden Lungenspitze, bronchiales Athmen und leichtes Reibegeräusch, so dass wohl sicher an eine pleuritische Reizung mit gleichzeitiger Verdichtung der Lungenspitze in Folge der Schussverletzung gedacht werden kann. Fieber war nicht vorhanden; doch hüstelte Patient viel. Ich liess ihn Terpentinöl einathmen und Leberthran innerlich nehmen, ohne eine Besserung zu erzielen.

Interessant ist vielleicht noch, dass ich bei demselben durch Druck auf den Narbenstrang des früheren Schusskanals sofortige Verlangsamung der Herzpulsationen herbeiführen konnte, wahrscheinlich durch mechanische Vagusreizung, wie sie zuerst mein Lehrer und früherer Chef Herr Professor Czermak in Leipzig beim Menschen an sich selber nachgewiesen hat (cf. Jenaische Zeitschrift. II. 3. 1865. pag. 384). Auch in einem der vorhergenannten Fälle hatte Druck auf die Narbe zuweilen ähnlichen, doch nie so eclatanten Erfolg.

Bei einer Narbencontractur der rechtsseitigen Halsmuskeln wurde durch hydropathische Bindeneinwickelung, in Form einer Kravatte, eine allmähliche Besserung erzielt. Diese hydropathischen Einwickelungen der Theile haben mir überhaupt bei den verschiedenartigsten Narbencontracturen nach Schussverletzungen ausgezeichnete Dienste geleistet.

Unter den Brustschüssen wurden zwei perforirende behandelt; beide starben.

Fall 7. Perforirender Brustschuss. Pyopneumothorax. Tod.

Der Eine auf meiner Abtheilung, ein 25jähriger Franzose, bei Wörth verletzt, kam mit schon beginnendem Hautemphysem und stark eiternden Wunden am 13. August hier an. Er hustete viel Blut und jauchige Massen aus, fieberte sehr heftig und starb schon am 18. August unter hochgradigen dyspnoischen Erscheinungen, nachdem sich das Hautemphysem über den ganzen Körper hin verbreitet hatte, und aus beiden Wunden reichliche, jauchige, stark riechende Massen entleert worden waren. — Bei der Section fand man linksseitigen Pyopneumothorax, die linke Lunge in die Höhe gedrängt, ihr Gewebe atelectatisch, entsprechend der Verletzung im oberen Lappen zerfetzt, gangränös. Die Milz vergrössert, mit einigen hämorrhagischen Infarcten.

Fall 8. Perforirender Brustschuss. Empyem. Tod.

Der andere Patient mit perforirender Brustwunde (Schuss zwischen 4. und 5. Rippe in der vorderen rechten Axillarlinie nach hinten, neben der Wirbelsäule in der Höhe der 9. Rippe austretend) hielt sich unter ähnlichen, doch weniger heftigen Erscheinungen bis zum 37. Tage nach der Verletzung hin. Bei der Section fand man ein abgekapseltes grosses Empyem, die Lunge atelectatisch, an der verletzten Partie gangränös.

Die Behandlung bei diesen beiden penetrirenden Brustwunden beschränkte sich darauf, einmal dem Patienten durch Morphium-Injectionen möglichst die Schmerzen zu lindern, welche bei jeder Respirationsbewegung von Neuem recrudesciren und mit dem fortwährenden Hustenreiz und der gleichzeitigen hochgradigen Dyspnoe die Patienten am meisten quälen. Ausserdem gaben wir ihnen zur Minderung der Dyspnoe *Digitalisinfuse.* Die Wunden wurden wie alle übrigen verbunden. — Es scheint mir unzweifelhaft, dass jeder Transport, sei er auch noch so schonend, für solche Patienten durchaus unzweckmässig ist.

Contourschüsse des Thorax mit und ohne Rippenverletzung kamen reichlich zur Beobachtung. Sie boten im Ganzen eine günstige Prognose, wenngleich bei etwa dem dritten Theile aller eine fieberhafte Pleuritis die Verletzung complicirte. Diese hinterliess nur in einem Falle ein länger bestehendes Exsudat, welches aber schliesslich bei geeigneter Behandlung auch wich, so dass der vorher etwas heruntergekommene Patient recht kräftig entlassen werden konnte. — Gegen diese Pleuritiden kann ich während des fieberhaften Allgemeinleidens besonders die Digitalis empfehlen. Nur muss sie gleich anfangs in kräftigen, rasch aufeinanderfolgenden Dosen gegeben werden *).

Nach Ablauf der acuten Entzündungserscheinungen liess ich, neben den üblichen „roborirenden" Mitteln, erfolgreich Inhalationen von Ol. Terebintinae anwenden **).

Ueber die manche Contourschüsse des Thorax begleitenden eigenthümlichen Depressionserscheinungen werde ich weiter unten das Nähere berichten (im Capitel „Erschütterungs-Erscheinungen").

Höchst interessant scheint mir der folgende Fall zu sein, sowohl wegen seines Verlaufs, als auch weil er lehrt, wie vorsichtig man immerhin in der Beurtheilung selbst verhältnissmässig einfacher Verletzungen sein muss.

Fall 9. Contourschuss des Thorax. Verletzung der Art. intercostalis. Blutungen. Tod.

Ein 41jähriger Franzose erhielt bei Wörth einen Contourschuss an der rechten Thoraxhälfte. Eingangsöffnung auf dem Knorpel der 6. Rippe, nahe dem Sternum, Ausgangsöffnung 4″ weiter nach unten und aussen. Das Allgemeinbefinden war gut. An den Wunden nichts Abnormes, nur „zeigten sie wenig Tendenz zur Heilung." — Ende September bis Mitte October traten leichte, „parenchymatöse" Blutungen aus der vorderen Wunde auf, welche stets durch einen einfachen Compressionsverband gestillt wurden. Bei einer am 16. October erfolgenden Blutung spaltete man behufs Aufsuchung der blutenden Stelle den Wundkanal von der vorderen Wunde aus. Man fand nichts und comprimirte daher wieder. Da stellte sich am 17. October, während der Mann auf dem Abort sass, eine heftige, diesmal deutlich arterielle Blutung ein, die sich noch dreimal bis zum 29. October wiederholte, aber stets durch Compression stillen liess. Am 29. October tamponirte man die Wunde mit Eisenchloridcharpie. — Gleichzeitig klagte der Mann über Brustschmerzen, athmete frequenter,

---

*) Sie wirkt wahrscheinlich durch Vagusreizung auch auf den intrapulmonalen Blutdruck und befördert so auf einem Umwege sowohl die vollkommenere Decarbonisation des Blutes, wie die Resorption der exsudirten Flüssigkeit in den Bronchien, sowie in der Pleurahöhle, und setzt zugleich das Fieber herab.

**) Beim Einathmen des auf heissem Wasser verdampften Terpentins wird die Schleimsecretion vermindert, zugleich aber die retrahirte Lunge allmählich mehr und mehr ausgedehnt. Wahrscheinlich wird dadurch weiterhin die Absorptionsfähigkeit der Bronchien und des Lungengewebes selber wieder hergestellt (cf. Die Versuche über Luftaufnahme des Lungengewebes von Müller, Setschenow, Schöffer etc.). Mit der regeren Luftaufnahme steigt auch der Tonus der Gefässe, und dadurch wird die Resorption des Exsudats eingeleitet.

hustete häufiger, wobei stets von Neuem Blut hervorquoll. Bei näherer Untersuchung der Wunde fand man den Knorpel gebrochen, die Pleura abgelöst, nach innen eingestülpt. Beim Versuch, die in dieser trichterförmigen Pleuraeinstülpung liegenden Coagula durch Irrigiren zu entfernen, entstand eine ungemein heftige Blutung. Versuche, die Art. intercostalis, aus welcher man dieselbe vermuthete, zu umstechen, misslangen. Man tamponirte daher wieder mit Eisenchloridcharpie. In der Folge nahm das Fieber zu, zugleich mit einer nach oben ansteigenden Dämpfung der rechten Brusthälfte. — Die Blutungen wiederholten sich öfter. Man versuchte sie bald durch permanenten Fingerdruck, bald wieder mit Tampons zu stillen. — Endlich erfolgte am 10. November der Tod.

Die Section ergab, ausser rechtsseitigem pleuritischen Exsudate, beiderseits bis zur Stärke der Radialis entwickelte Mammariaarterien, während die sämmtlichen A. intercostales nur schwach oder gar nicht vorhanden waren. Von der rechten A. mammaria führte ein starker, kurzer Ast unter dem 5. Rippenknorpel zur Wunde, wo derselbe von hartem Narbengewebe dicht umgeben war. Von aussen war im Grunde der Pleuraeinstülpung das Lumen der Arterie offen zu sehen.

Die Arterie war durch das starre, mit ihrer Adventitia verwachsene Narbengewebe klaffend erhalten; zugleich hatte wohl auch der kurze Abgang von der starken Hauptarterie (Mammaria) eine Thrombusbildung verhindert, nachdem der früher vorhandene Verschluss von der Blutwelle durchbrochen war.

Einige Contourschüsse des Thorax fielen durch ihren langen Verlauf, schräg über den ganzen Rücken hin, auf.

Fall 10. Contourschuss des Thorax. Extraction von Hemd- und Rockfetzen und der Kugel. Heilung.

Bei einem Franzosen mit einem solchen, blind endenden, Schusskanal auf dem Rücken, entwickelte sich in den ersten Tagen eine grosse, geröthete, undeutlich fluctuirende Stelle. Ich schnitt darauf ein, und entleerte viel zersetzten Eiter, entfernte aber auch, zum Erstaunen des Patienten, einen kleinen Sack, bestehend aus Fetzen vom Hemd und dem Rocke, mit der wenig veränderten Kugel. Diese hatte Hemd und Rock eingestülpt, von beiden Fetzen abgerissen, hatte diese mit unter die Haut getrieben, und war dort in dieser selbstgefertigten Zeugtasche liegen geblieben. Die Heilung erfolgte rasch, ohne besondere Zwischenfälle.

Die Schussverletzungen des Sternoclaviculargelenks brauchten meist eine sehr lange Zeit bis zu ihrer Ausheilung; es

wucherten fortwährend pilzartige Granulationen hervor, welche leicht
bluteten, übrigens gewöhnlich öfter mit der Scheere abgetragen,
dann geätzt wurden.

Ein kleiner Fleischschuss, quer über den rechten Damm
an der Wurzel des Penis vorbei, heilte mit Hinterlassung einer
Harnröhrenfistel.

Eine Schussverletzung der Weichtheile am Steissbeine
führte am 30. Tage nach der Verletzung, unter pyämischen Erscheinungen, zum Tode. Man fand den kurzen Schusskanal fast
verheilt; in Lungen und Leber ausgebreitete „metastatische“
eiterige Heerde. Die Pyaemie wurde hier anfangs für Wechsel-
fieber gehalten.

3. Verletzungen der oberen Extremitäten.

Diese kamen in überwiegender Anzahl zur Behandlung. nämlich
198. Die Erfolge waren günstig: 60,6 % wurden vollständig geheilt,
36,8 % mehr oder weniger unvollständig geheilt entlassen, 2,6 %
starben.

Zwei Male wurde erfolgreich die blutende Brachialis
in der Continuität unterbunden, nämlich ein Mal von mir
am 16. Tage nach der Verletzung (Weichtheilschuss im unteren
Drittheil des Oberarms); ein Mal am 5. Tage nach einer Amputatio
antibrachii von Dr. Wahls, einem unserer Assistenten.

Im ersten Falle versuchte ich die Arterie an der blutenden
Stelle selber zu unterbinden. So wie ich aber das Ende fasste, zer-
bröckelte mir das morsche Arteriengewebe unter den Pincetten-
branchen. Daher entschloss ich mich kurz und suchte sie etwas
höher auf; fand und unterband sie da ohne Schwierigkeit. — Auf das
untere Ende, welches unterdessen zu bluten aufgehört hatte, wurde
ein einfacher Compressionsverband gelegt. Die Blutung kehrte nicht
wieder, nur einmal quoll aus dem unteren Ende beim Verbinden
ein wenig Blut hervor. — Die Schnittwunden heilten fast ganz
per primam.

Im 2. Falle war wahrscheinlich bei der Operation (Bildung eines
vorderen Lappens durch Einstechen) die Arterie in der Ellenbeuge
über der Ligatur verletzt worden. Die Unterbindung der Brachialis
wurde hoch oben am Oberarm gemacht.

Interessant war eine Schusswunde der rechten Schulter, wegen
gleichzeitiger Verletzung der Axillaris und nachherigen Unterbindung der Subclavia.

Fall 11. Schuss durch die Schulter. Blutung. Unterbindung der Subclavia. Tod.

Patient, ein kräftiger preussischer Soldat, hatte am 16. August einen Schuss von hinten, zollweit rechts vom Dornfortsatze des 4. Brustwirbels nach aussen vorn durch die rechte Achselhöhle erhalten. Die hintere Wunde secernirte nur mässig und zeigte nichts Besonderes. Die vordere Wunde war von einer prallen Schwellung der Achselhöhle umgeben. Fluctuation konnte nicht nachgewiesen werden. Der ganze Arm war ödematös geschwollen, kalt, empfindungslos und unbeweglich. Radialpuls nicht zu fühlen. Auf der rechten Brusthälfte verbreitete Rasselgeräusche, unten eine bis nahe an die Brustwarze reichende Dämpfung, bedingt durch ein pleuritisches Exsudat. Fieber jedoch mässig. Athem erschwert, rasch, schmerzhaft. Bis zum 1. September hatte sich die normale Temperatur und Empfindung im Arme wieder hergestellt. Die dyspnoischen Erscheinungen nahmen mässig zu. Die harte Schwellung in der Achselhöhle lässt trotz fortgesetzter Kataplasmirung nicht nach; man erweitert daher die Wunde und entleert einige breiige Coagula. Beim Verbinden sickert regelmässig etwas Blut aus, bis endlich am 7. September, also am 22. Tage nach der Verletzung, bei der Entfernung einiger grosser, stinkender Blutcoagula aus der Achselhöhlenwunde eine ungemein s t a r k e a r t e r i e l l e B l u t u n g auftritt. Da alle Versuche, diese durch Tamponade und Compression zu stillen, misslangen, so machte Dr. H ü p e d e n sofort die U n t e r b i n d u n g d e r S u b c l a v i a o b e r h a l b d e s S c h l ü s s e l b e i n s. Die Operation ging sehr schön und ohne erheblichen Blutverlust des Patienten von Statten. Die Blutung stand danach, jedoch unterlag der Patient nach 11 Tagen (am 18. September) der unterdess rasch fortschreitenden heftigen Pleuritis. Bei der S e c t i o n fand man neben allgemeiner Blutarmuth der Gewebe in der rechten Brusthöhle eine bis zur 3. Rippe reichende Ansammlung eines s e r ö s - e i t e r i g e n E x s u d a t s, frische pleuritische Adhäsionen; die L u n g e auf ein Zehntel ihres normalen Volumens c o m p r i m i r t, nach oben gedrängt, atelectatisch. Die linke Lunge ödematös. Die *Art. subclavia* enthält „einen 2 Cm. langen, im Centrum b l a s s g r a u e n, ü b e r a l l w e i c h e n P f r o p f," im Umkreis der Unterbindungsstelle finden sich mehrere kleinere, stecknadelkopf- bis erbsengrosse Zellgewebsabscesse. Bei der Präparation der Achselhöhle sieht man die untere, innere Wand der A x i l l a r a r t e r i e s c h l i t z a r t i g durchgerissen, mit einem halbzerfliessenden Coagulum im Lumen. Um die Arterie hat sich eine grosse mit Coagulis erfüllte und ausgekleidete Höhle gebildet, in welcher der plexus brachialis bloss liegt, sowie auch ein abgerissenes Stück vom Nerv. cutan. internus hereinragt.

Die Erklärung dieser Erscheinungen giebt sich von selber. — Wahrscheinlich wäre dieser Patient durchgekommen, wenn nicht die

Verletzung in so unangenehmer Weise durch eine Pleuritis exsudativa complicirt gewesen wäre.

Ausser diesen kamen noch Blutungen aus der *Circumflexa scapulae* (drei Wochen nach der Verletzung), wahrscheinlich in Folge einer Arterienzerreissung durch die scharfen, spitzen Splitter der zerschossenen Scapula; — und aus der *Radialis* (am 15. Tage nach der Verletzung, Granatschusswunde des Vorderarmes) zur Beobachtung. Beide wurden leicht durch Tamponade und Compression gestillt; im ersten Falle kneipte ich zuvor die Knochenspitzen ab.

Zum Verband brauchten wir bei fast sämmtlichen Verletzungen der oberen Extremitäten vorzugsweise dreieckige Tücher und Stromeyer'sche Kissen.

Die dreieckigen Kissen scheinen mir als eine werthvolle Bereicherung des Verbandapparates besonders empfehlenswerth. Ihre Anwendung ist einfach, bequem und zweckmässig (nur müssen die Kissen ein wenig grösser sein, als wir sie hatten). Sie ermöglichen eine weit sicherere Fixation des verletzten Gliedes am Rumpf*), als dieselbe durch einen festen Verband allein erzielt werden kann; können übrigens in der ersten Zeit nach der Verletzung überall da, wo die Anlegung eines immobilen Verbandes unthunlich ist, sogar einen solchen ersetzen.

Bei Knochenfracturen habe ich einige Male vom Gypsverband, mehr noch von den oben erwähnten Pappcapseln Gebrauch gemacht. Diese wurden hier natürlich stets für den ganzen, im Ellbogengelenke rechtwinklig gebogenen Arm, von der Schulter bis zur Handfläche angefertigt.

Die 5 von mir beobachteten Claviculaschüsse boten im Ganzen nichts Besonderes dar; sie heilten, ohne Functionsstörungen der umliegenden Theile zu hinterlassen.

Die Verletzungen der Scapula und Schulterhöhe hatten öfter wegen wiederholter Eitersenkungen einen sehr langwierigen Verlauf. Auf die Entstehung derartiger Eitersenkungen scheinen

---

*) Die Wichtigkeit dieser Fixation des Oberarmes am Rumpf scheint Ruprecht (Militärärztl. Erfahrungen. Würzburg 1871, pag. 66) ganz zu verkennen; in der That wird aber ohne sie jedem Menschen auf die Dauer ein fester Verband unerträglich werden, da bekanntlich auch ein einfach ruhender, schlaff herabhängender Oberarm nie direct und dicht am Rumpfe anliegt, sondern immer mehr weniger weit von demselben absteht. Soll diese normale Haltung nachgeahmt werden, so kann das kaum auf eine andere Weise zweckmässiger und bequemer für den Patienten geschehen, als durch ein zwischen Arm und Rumpf eingeschobenes, unterstützendes Stromeyer'sches Kissen.

die gerade hier eigenthümlich complicirten Verhältnisse der Fascien von einem gewissermassen prädisponirenden Einflusse zu sein. Nirgends kamen sie uns häufiger vor als hier, und verzögerten oft genug die Heilung an sich einfacher Weichtheilwunden. Einige Male führte daher auch wohl nicht die Verletzung an sich selber, sondern gerade die nothwendige lange. Ruhehaltung des Armes zu einer leichten Steifigkeit der Schulter. — Daran haben natürlich auch die subfascialen Narbenbildungen nach verzweigten Eitersenkungen einen bestimmten Antheil.

Die Eitersenkungen wurden gewöhnlich hinter dem Cucullaris, in die Fossa supra- und infraspinata, längs des vorderen Randes des Latissimus dorsi, längs des Deltoideus beobachtet, und regelmässig an der tiefsten Stelle incidirt. In einzelnen Fällen machten Schleimbeutelvereiterungen die Heilung langwierig.

Diagnostisch interessant waren mehrere Weichtheilschüsse der Schulter, welche scheinbar durch das Gelenk gingen, in der That aber nur Contourschüsse der Schulter waren. Die Kugel war von dem prall gespannten Deltoideus, gewöhnlich bei erhobenem Arme, abgelenkt, um die Schulter herumgelaufen und auf der entgegengesetzten Seite ausgetreten; oder es lief die Kugel unter dem Deltoideus um den Knochen herum. Uebrigens war dabei einige Male die Gelenksgegend mehr weniger geschwollen und bei Bewegungen schmerzhaft. Zweifelhafte Fälle wurden ganz wie eine wirkliche Gelenksverletzung mit strenger Ruhe und localer Antiphlogose behandelt; in Folge welcher Maassregel meist schon nach wenigen Tagen die Diagnose sicher war.

Fall 12. Contourschuss der Schulter. Schwellung des Gelenkes. Eitersenkungen. Incisionen. Heilung.

So erhielt ein Franzose, bei horizontaler Haltung der Arme, einen Schuss schräg um die Schulter herum, von vorn unten nach hinten oben. Die Kugel war über dem Deltoideus um die Schulter herumgegangen. Die Gelenksgegend war stark angeschwollen, und war anfangs die Entscheidung schwer, ob das Gelenk selber nicht verletzt sei. Bewegungen und Emporschieben des Armes machte stets dumpfe Schmerzen im Gelenke. In der Folge liess aber die Eiterung und Schwellung nach; man incidirte noch wiederholt einige Eitersenkungen. Patient wurde schliesslich mit fast vollkommener Beweglichkeit im Schultergelenke entlassen.

Ich bemerke hierbei noch, dass auch sonst die Haltung der Glieder unzweifelhaft von grosser Bedeutung für die Schwere der Verletzung ist; derselbe Schuss kann bei einer gestreckten Haltung z. B. des Oberarmes, ohne das Gelenk

3*

zu eröffnen, die Weichtheile nahe am Knochen durchdringen, während er bei gebeugter Haltung, wobei die Synorialkapsel eine sackartige Ausstülpung nach unten erfährt, das Gelenk verletzt. Ich habe gerade für das Schultergelenk eine ganze Anzahl dieses Factum illustrirender Fälle beobachtet.

Obwohl in allen Handbüchern der Kriegschirurgie, besonders aber bei Stromeyer, das Capitel über die Diagnose der „Schussrichtung" ausführlich behandelt ist, so kann ich es hier doch nicht unterlassen, eindringlich darauf aufmerksam zu machen, dass es bei jeder derartigen Verletzung nothwendig ist, sich, bevor man zur Sonde oder gar zum Messer greift, erst stets genau darüber zu unterrichten, in welcher Stellung und Haltung das betreffende Glied verletzt wurde. — Die Erwähnung dieses bekannten Satzes wäre allerdings überflüssig, wenn es nicht in jedem Kriege vorkäme, dass Aerzte Schusswunden zur Behandlung bekommen, welche dergleichen vorher nie sahen, wenn es nicht immer noch Aerzte gäbe, welche einfache Contourschüsse mit Laienaugen für Gelenksschüsse ansehen und sogar, wie es erst kürzlich in dem „Sendschreiben des Dr. von Breuning" (Deutsche Klinik. Nr. 38. 1870.) berichtet wurde, behufs der Resection des Gelenk eröffneten! (—„Glücklicher Weise gewahrte man zur rechten Zeit", d. h. nach schon gemachtem Schnitt, „dass der Humeruskopf gar nicht verletzt war! —")

Von den drei Schultergelenksschüssen verheilten zwei bis zum 130. resp. 300. Tage mit Anchylose, einer wurde resecirt mit gutem Erfolg.

Fall 13. Schuss durch das rechte Schultergelenk. Kapseleröffnung. Gelenksentzündung. Eitersenkung. Incision. Heilung mit Anchylose.

Die Kugel war hier in der oben beschriebenen Weise hinter dem Oberarmkopf durchgedrungen, hatte die Gelenkkapsel unter dem Triceps eröffnet und dabei den Knochen nur eben gestreift. Patient kam (von Wörth) mit starker Schwellung des Gelenks, und heftigem Fieber an, klagte bei der geringsten Bewegung über Schmerzen, besonders beim Emporschieben des Armes. Gleichzeitig entleerte sich bei diesen Bewegungen reichlicher Eiter aus den unter dem proc. coracoideus und auf der Mitte des vorderen Scapularrandes befindlichen Schussöffnungen. Gegen Ende September liess die Eiterung und Schwellung, damit auch das Fieber nach. Mitte October entwickelte sich eine Eitersenkung auf dem Triceps, welche durch eine Incision entleert wird. In der Folge kam nur einmal ein linsengrosser Splitter zu Tage. Bei der Entlassung nach dem Welfenschlosse fühlte man durch die hintere Wunde mit der Sonde noch eine umschriebene rauhe Stelle am Humerus. Das Gelenk war anchylosirt.

Fall 14. Schuss durch das Schultergelenk. Profuse Eiterung.
Resection. Heilung.

Ein Franzose wurde von mir etwa $2^1/_2$ Monat nach der Verletzung (Durchfurchung des Humeruskopfes) resecirt, wonach die vorher ungemein profuse Eiterung bald nachliess und nach weiteren 3 Monaten die Wunden vollständig verheilt waren, obwohl hier schon vor der Operation Senkungen auf dem Pectoralis major, auf dem Cucullaris, und Biceps vorhanden waren, welche zwar bei der Operation eröffnet wurden, aber ungemein lange nacheiterten. — In der Folge wurde der Patient (inzwischen in anderer Behandlung) zwar viel gebadet und wohl auch zuweilen veranlasst, den etwas atrophirten Deltoideus zu üben, — aber leider nicht energisch genug. Auch hatte man versäumt, die Schultermuskeln zu elektrisiren. Daher fand ich denn bei einer etwa 6 Monate nach der Resection vorgenommenen Untersuchung, dass der unterdessen ungemein kräftig und blühend gewordene Patient den Arm im Ellbogengelenke gut und kraftvoll bewegen konnte, dagegen nur in mässigem Grade im Stande war, ihn im Schultergelenke zu heben. Die Schnittnarbe (von Langenbeck's Methode) war tief eingezogen, aber nur zum Theil mit dem Knochen verwachsen; durch den etwas atrophirten Deltoideus fühlte man das abgerundete Humerusende nach oben und einwärts gegen das Ligam. coracoacromiale gestemmt (ich hatte 2'' resecirt). — Passive Bewegungen waren in perpendiculärer Richtung ausgiebig möglich, in horizontaler nur in mässigem Grade und nicht ohne Schmerz in der Schnittnarbe.

Fall 15. Schuss durch das Schultergelenk, geringe Reaction des verletzten Gelenkes. Splitterextraction. Heilung mit Anchylose.

Bei einem dritten Franzosen war (am 6. August bei Wörth) die Kugel dicht unter dem processus coracoid. eingedrungen und auf der Hinterfläche der Schulter, etwa fingerbreit unter der Vereinigungsstelle des Acromion und der Spina scapulae ausgetreten. Da im Anfang ausser mässiger Schwellung des Gelenkes, welche bald wieder nachliess, objective und subjective Erscheinungen auffallend gering waren, so blieb es mir lange Zeit zweifelhaft, ob das Gelenk selber verletzt war; ich nahm vielmehr eine Durchbohrung der Schulter dicht zwischen Scapula und Oberarmkopf mit blosser Contusion des Gelenkes an. — In der Folge stellte sich eine Eitersenkung am inneren Bicepsrande ein, welche etwa in der Mitte desselben incidirt wurde. — Obwohl nun Patient nie Schmerzen im Gelenke klagte und sogar den Arm nach verschiedenen Richtungen selbst bewegen konnte, so veranlasste mich doch das fortwährende, wenn auch mässige Fieber, so wie die andauernde dünne Eiterung, die Wunden während der Chloroformnarkose des Patienten genauer zu untersuchen. Ich fand mehrere lose Knochen, dilatirte die hintere Wunde durch seichte Schnitte, entfernte durch sie sofort, was ich von Knochen fühlte, und war erstaunt, in ihnen Stücke vom Gelenkkopf des Humerus zu sehen. Ich konnte so in einer Sitzung den ganzen Gelenkkopf in 6 grösseren und einer Menge kleinerer Brocken herausfördern. — Die Eiterung liess bald nach. — Patient überstand später noch eine Attaque von Nosocomialgangrän, erholte sich im Uebrigen rasch und wurde kürzlich (Juli), nachdem hin und wieder noch kleine Splitter entleert worden waren, mit Anchylose seines linken Schultergelenkes und einer noch mässig secernirenden Fistel entlassen.

Hier hätte eine Resection die Heilungsdauer wesentlich abgekürzt, und ihm doch zugleich ein brauchbareres Glied hinterlassen. Bei Schussverletzungen des Schultergelenks überhaupt ist die Resection der exspectativen Behandlung vorzuziehen. Man kürzt durch Entfernung des voluminösen Kopfes die Eiterung wesentlich ab, einmal schon, indem man die eiternde Fläche verkleinert, dann aber, indem man dem Patienten den langwierigen Eliminationsprocess der necrotischen Knochen erspart. — Ueberdies weist die Statistik der Schultergelenksresectionen weitaus günstigere Resultate auf, als die der exspectativ behandelten Fälle. — Und selbst in einem Falle wie der zuletzt beschriebene, wo die Diagnose der Gelenksverletzung erst so spät gestellt werden konnte, wird es unzweifelhaft von Vortheil sein, auch dann noch das Gelenk durch einen Resectionsschnitt zu eröffnen, alle necrotischen Theile zu entfernen, und wenn nöthig auch die Gelenkknochen zu ebnen. Ich würde es in dem genannten Falle auch gethan haben, wenn nicht wegen des zur Zeit häufigen Vorkommens von Hospitalbrand jede Operation unzweckmässig und gefährlich gewesen wäre. Als aber Patient, wie oben erwähnt, seine Nosocomialgangrän überwunden hatte, und diese überhaupt in unserem Lazarethe glücklich bekämpft war, musste ich den Patienten anderen Collegen überlassen.

Bezüglich der Operationsmethode scheint mir ein Längsschnitt, nahe dem hinteren Rande des Deltoideus, in manchen Fällen dem üblichen vorderen Längsschnitte von Langenbeck's vorzuziehen zu sein. — Schon Stromeyer hat einen ähnlichen halbmondförmigen Schnitt zur Eröffnung des Schultergelenks von hinten, nach der Schlacht von Friedericia, ausführen lassen und ist mit dem Erfolg dieser Operation sehr zufrieden gewesen*). Obwohl

---

*) cf. Stromeyer, Ueber die bei Schusswunden vorkommenden Knochenverletzungen, Separat-Abdruck aus dem Handbuche der Chirurgie. Freiburg i. Br. 1850. p. 34.

er nun später wieder davon abgekommen zu sein scheint, so hat diese Schnittführung, wie ich glaube, doch Manches für sich, und das mag wohl auch die Engländer[*]) bestimmt haben, sie für gewisse Fälle beizubehalten. Die Operation ist etwas schwieriger, will sagen langwieriger, als die übliche; aber es ist dieser geringe Nachtheil, der bei dem Gebrauch des Chloroforms verschwindend klein wird, gegenüber dem bedeutenden Vortheile gerade dieses Schnittes gar nicht anzuschlagen. Man ermöglicht sich durch diesen an der hinteren, äusseren Seite der Schulter liegenden Schnitt einen vorzüglichen Eiterabfluss, der bei den jetzt noch gebräuchlichen Methoden immer nur unvollkommen ist, falls nicht eine hintere Schussöffnung dasselbe leistet. In diesem Falle, allerdings der häufigere, ist das von B. v. Langenbeck angegebene Verfahren von rühmlichst anerkanntem Werthe.

In den übrigen Fällen dagegen möchte sich ersteres empfehlen, zumal da dadurch auch das Wechseln des Verbandes ungemein einfach wird; während es bei einem vorderen Schnitte regelmässig nothwendig ist, den Patienten aufzurichten, um die Resectionshöhle genügend von den stagnirenden eiterigen Massen zu befreien. — Ich liess meinen Patienten auf eine von der Schulter nach dem Ellbogen mässig ansteigende Ebene lagern. Später wurde der Arm auf einem Stromeyer'schen Armkissen gebettet in der Mittella getragen.

Da Streifschüsse durch die Tubercula ohne gleichzeitige oder nachträgliche Eröffnung der Gelenkkapsel immerhin selten sind, so will ich den folgenden Fall, der auf dem Schützenhause vorkam, hier mittheilen:

Fall 16. Schussverletzung der rechten Schulter. Streifung des Tuberc. majus. Gelenk unverletzt. Heilung mit nur wenig beschränkter Beweglichkeit.

Ein Franzose erhielt bei Wörth einen Schuss in die Schulter, während er den Arm eben horizontal hielt. Die Kugel drang über der Insertion des Deltoideus ein, lief schräg nach oben und hinten unter dem Deltoideus, streifte dabei das Tuberc. majus und trat dicht unter der äusseren Ecke des Acromion aus. Das Gelenk ist frei beweglich, jedoch mässig geschwollen. In der Folge eitern die Wunden stark, auch das Gelenk schwillt etwas mehr, und werden deshalb 5 Schröpfköpfe aufgesetzt. Am 20. October entfernt man „dicht unter der Gelenkkapsel" vom Tuberc.

---

*) Die Engländer wählen diesen Schnitt besonders auch bei gleichzeitiger Verletzung der Scapula; wobei allerdings von letzterem Schnitte aus Stücke vom Schulterblatt leichter entfernt werden können, als von einem vorderen.

majus 4 Knochensplitter, von denen der grösste 1½ Cm. lang, 1 Cm. breit ist. Die Reaction danach war anfangs sehr heftig; doch liess unter Eisbehandlung die Schwellung binnen zwei Tagen wieder nach. Die Wunden schlossen sich. Patient klagt Schmerzen in der eingezogenen vorderen Narbe; das Gelenk ist in mässigem Grade beweglich. Unter dem Fortgebrauche von warmen Bädern verlieren sich die Schmerzen, und kehrt zugleich allmählich bessere Beweglichkeit zurück, so dass Patient am 3. December mit nahezu vollkommen beweglichem Gelenke entlassen werden kann. Nur das Emporheben des Armes über die Horizontale ist dem Patienten wegen der noch mangelhaften Functionsfähigkeit des Deltamuskels unmöglich.

Schussverletzungen des Humerushalses beobachtete ich 2, beide in ihrer Art selten.

Fall 17. Extracapsuläre Querfractur des collum chirurgicum humeri. Gelenk unverletzt. Heilung mit vollkommener Beweglichkeit des Gelenkes.

Ein Franzose, 23 Jahre alt, hatte am 6. August bei Wörth 1870 einen Schuss durch die rechte Schulter erhalten, während er, auf dem Boden liegend, eben sein Chassepot zum Abschiessen erhob. Die Kugel drang ihm dicht unter dem process. coracoideus ein, zerbrach im Anschlagen den Humerushals (collum chirurgicum) und trat gerade an der oberen Ecke der hinteren Achselfalte, entsprechend der Umbiegungsstelle des Latissimus dorsi, heraus. Patient, welcher etwa sieben Wochen nach der Verletzung in meine Behandlung kam, behauptete, von Anfang an nie Schmerzen im Gelenke gehabt zu haben, wohl aber, wie auch jetzt noch, längs der wahrscheinlich mit verletzten Armnerven. — Man fühlte etwa drei Finger unterhalb des Acromion durch den etwas atrophischen Deltoideus ganz deutlich einen ringförmigen, mässigen Callus um den Humerushals. Beide Wunden sonderten nur noch sehr spärliches eiteriges Serum ab. Durch die hintere Oeffnung kam man mit der Sonde auf eine rauh umrandete feine Spalte im Knochen, ohne in dieselbe eindringen zu können. Das Schultergelenk ist vollkommen freibeweglich. Die Armmusculatur ist in geringem Grade atrophisch, die Sensibilität und Kraft der Bewegungen vermindert. Patient erzählte, dass er nach der Verletzung den Arm nicht habe heben können; der Verband habe in einem einfachen Schienenverband bestanden. Die Eiterung sei stets gering gewesen. — In der Folge wurden nur zwei linsengrosse Knochensplitter durch die hintere Wundöffnung ausgestossen. So wurde er mit nur mässig secernirender Fistel im Januar 1871 entlassen.

Dass in diesem Falle die Kapsel nicht verletzt war, wie man nach der Schussrichtung erwarten konnte, hatte Patient wohl besonders der gestreckten Haltung des Armes zu verdanken, wobei die Synorialausstülpung unter dem Triceps ausgeglichen wird und überall platt anliegt. — Dass aber in diesem Falle keine Fissuren in das Gelenk liefen, erklärt sich zum Theil aus der Art des Anschlagens der Kugel, welche den Knochen einfach brach, ohne ihn zu erschüttern, resp. zu zersplittern, — zum Theil aus der zuerst von Stromeyer*) und Esmarch**) gefundenen Thatsache, dass bei jüngeren Leuten reine Epiphysenabsprengungen fast nie Sprünge bis in das Gelenk zu machen pflegen.

Uebrigens veranschaulicht dieser Fall zugleich, dass es sehr wohl möglich ist, bei derartigen Fracturen des Humerushalses, die fracturirten Enden zu verheilen, ohne die Beweglichkeit des Gelenkes zu gefährden***). — Solche Fälle indiciren demnach nicht ohne Weiteres zur Vornahme einer Gelenksresection.

Die andere von mir beobachtete Schussverletzung des Humerushalses war folgende:

Fall 18. Durchbohrung des Collum chirurgicum humeri ohne Continuitätstrennung. Heilung mit beschränkter Beweglichkeit.

Ein Franzose, 25 Jahre alt, war bei Wörth verletzt. Die Kugel hatte in gleicher Richtung, nur ein wenig tiefer, das Collum chirurgicum seines rechten Humerus, ohne Trennung der Continuität, derart durchbohrt, dass sowohl mit der Sonde, wie auch später mit dem Finger ein von rauhen, scharfzackigen Rändern umsäumtes Loch an der Aussenseite des Knochens zu fühlen war. Auch hier war das Gelenk nicht verletzt, da es schmerzlos, nicht angeschwollen und vollkommen frei beweglich befunden wurde. Die Wunden eiterten reichlich. Das Allgemeinbefinden war gut. — So blieb es vier volle Monate: da erst begann die Eiterung reichlicher zu werden, die Gelenksgegend wurde etwas schmerzhaft; es entwickelten sich Senkungen auf dem Pectoralis und Deltoideus, welche incidirt wurden. — Später verlor sich die Schmerzhaftigkeit des Gelenkes wieder. Mitte Februar stiessen sich zwei kleine Knochenstücke los. — Als ich den Patienten Ende März wieder sah, war nur eine beschränkte Beweglichkeit im Schultergelenke vorhanden, die Eiterung nur noch gering, das Allgemeinbefinden gut.

---

*) loco cit.

**) cf. Esmarch, Ueber Resectionen nach Schusswunden. Kiel 1851.

***) Schon Guthrie (Ueber Schusswunden in den Extremitäten etc. Uebersetzt von Spangenberg. Berlin 1821. pag. 340) theilt dergleichen Fälle mit.

Ob die beschränkte Beweglichkeit im Schultergelenke in diesem
Falle nur eine Folge der lange andauernden Ruhestellung der Schulter
war, oder die Folge einer durch eine feine Fissur auf das Gelenk
vermittelten Entzündung, — vermag ich nicht zu entscheiden.

Von den **S c h u s s f r a c t u r e n   d e r   O b e r a r m d i a p h y s e n**
führte eine zwischen oberem und mittlerem Drittheil am 35. Tage
nach der Verletzung zum Tode.

Fall 19.   Schussfractur des rechten Humerus, Osteomyelitis.   Pyaemie.
Tod. Section.

Ein 21jähriger Franzose wurde bei Wörth von vorn nach hinten durch
den rechten Oberarm geschossen. Zollweit von der Achselhöhle entfernt,
an der hinteren äusseren Seite des Oberarmes befand sich die eine Schussöffnung; vorn etwas oberhalb der Mitte des Biceps die andere. Entsprechend
beider war der Humerus schräg in mehrfache Splitter fracturirt. — Patient
kam fiebernd, ohne festen Verband an; die Wunden eiterten reichlich. Der
Arm war mässig infiltrirt. Einfache Lagerung auf einer winklig gebogenen,
gepolsterten Armschiene und auf Kissen. Am 18. August wird die hintere
Wunde erweitert, da sich unterhalb derselben eine starke Eiteransammlung
entwickelt hatte. Bei der Gelegenheit entfernt man eine Anzahl loser
Knochensplitter durch Irrigation der Eiterhöhle. Zugleich bemerkt man,
dass der ganze Arm bis zu den Fingern infiltrirt ist. Eisbeutel. — Am
27. August bekommt Patient einen **h e f t i g e n   S c h ü t t e l f r o s t.** Es entwickeln sich allmählich vis-à-vis fast sämmtlicher Knochenvorsprünge De-
cubitusstellen, so auf dem Rücken, Hacken, Darmbeinen etc. In der Folge
wiederholen sich die Schüttelfröste täglich, mit nachfolgenden äusserst profusen Schweissen. Patient hustete, delirirte, wimmerte bei jeder Berührung.
Die Eiterung wurde spärlich, dünnflüssiger, die Wunden erschienen schliesslich zeitweise (bei Frösten) wie ausgetrocknet. Endlich erfolgte am 10. September der Tod. — Die **S e c t i o n** ergab eine mehrfache Splitterung des
Humerus zwischen oberem und mittlerem Drittheil; im Marke purulente
Osteomyelitis; das Periost ist verdickt, stellenweis durch übelriechenden
Eiter abgehoben. Die obere Epiphyse des Humerus eiterig gelöst. Im
Schultergelenke Eiter. In den Brachialvenen stellenweis eiterig zerfliessende
Thromben. In den Lungen Abscesse, gleiche im intermuskulären Zellgewebe
des Pectoralis major.

In diesem Falle halte ich es für nicht unwahrscheinlich, dass
die verschiedenen Reizungen, welche der nur höchst mangelhaft
fixirte Knochen während des Transportes erfuhr, von wesentlichem
Einfluss auf die Entwickelung der Osteomyelitis purul. waren.

Bei den übrigen Diaphysenschüssen hatte die Behandlung meist günstige Erfolge. Gleichwohl verlangte die Mehrzahl derselben eine lange Zeit zur vollständigen Verheilung. In einem Falle (Fractur im unteren Drittheil) war nach 132 Tagen noch keine Consolidation eingetreten, obwohl hier sowohl die Verletzung an sich, wie die nachherige Eiterung verhältnissmässig nur unbedeutend war. — Eine andere Schussfractur (gleichfalls im unteren Drittheil) heilte dagegen unter dem Gypsverband ohne merkbare Abstossung eines Knochens, bei mässiger Eiterung binnen 5 Wochen.

Im Allgemeinen schienen mir die Fracturen im mittleren Drittheil die längste Consolidationszeit zu erfordern, was vielleicht in einem gewissen Causalnexus mit der anatomischen Anordnung der Gefässe steht (die grösste Knochenarterie pflegt am Humerus in der Regel nahe der Grenze zwischen mittlerem und unterem Drittheil einzutreten; gerade das mittlere Stück ist der am spärlichsten mit Gefässen ausgestattete Theil des Oberarmes). Daher scheint mir, wenngleich Fracturen mit complicirten Splitterungen die Heilung wegen der langwierigen Rehabilitation im Ganzen unzweifelhaft verzögern, doch andererseits gerade hier die dadurch gesetzte periostale Reizung, d. h. die daraus resultirende periostale Neubildung für die Zukunft des Knochens besonders wichtig zu sein; und ist es bei derartigen Verletzungen sicher oft eher erwünscht, dass sich ein tüchtiger Callus entwickelt, welcher die fracturirten Enden genügend fest verlöthet. Deshalb braucht man hier auch nicht all zu eilig mit der Splitterextraction zu sein.

Gröbere und kleinere Splitter waren fast in allen Fällen zu entfernen, so einmal 12 aus einem Knochen. In einem anderen Falle wurde von mir am 54. Tage nach der Verletzung ein 2½″ langer Sequester des Humerus entfernt, nachdem ich die hintere auf der Mitte des Triceps befindliche Wunde mit dem Messer dilatirt hatte.

Wegen seines relativ günstigen Ausganges trotz ausgedehnter Verletzung ist der folgende Fall merkwürdig.

Fall 20. Granatschussverletzung des linken Oberarmes. Ausgedehnte Zertrümmerung des Knochens. Zerreissung der Armnerven. Conservative Behandlung. Heilung.

Einem Brandenburgischen Grenadier hatte bei Saarbrücken ein Granatstück den Arm von hinten nach vorn durchbohrt. Die Eingangsöffnung war klein, die Ausgangsöffnung nahe der inneren Bicepsseite gegen 6 Cm. im Durchmesser gross. Der Oberarmknochen war zwischen oberem und mittlerem Drittheil ausgiebig zertrümmert; es konnten gleich am Tage seiner Ankunft hier (9. August) eine Anzahl loser Splitter, welche frei in der grossen Wunde lagen, entfernt werden. Die Muskeln waren in ausgedehntem

Maasse zerrissen; das Gefühl war geschwunden, Bewegungen der Finger
unmöglich. — Der Arm wurde trotz dieser ausgiebigen Läsion auf einem
Stromeyer'schen Kissen gelagert, mit warmen Compressen verbunden. Es
entwickelten sich rasch gute Granulationen; fast täglich wurden kleinere
Splitter abgestossen. Schon Ende September waren die Wunden verheilt,
brachen aber wiederholt auf, um kleinere necrotische Knochenstücke zu
entleeren. — Schliesslich war der Knochen zwar gut geheilt, leider aber
blieb der Arm wegen der nahezu vollständigen Lähmung sämmtlicher Armnerven unbrauchbar.

Bei derartigen Complicationen einer Schussfractur mit totaler
Zerreissung der Nerven ist es zweifellos praktischer, sofort zu amputiren.

Bei den Schussfracturen nahe der unteren Humerusepiphyse
thut man wohl, den Arm öfters in anderen Winkelstellungen zu
fixiren, um sich am Ende der Behandlung die unangenehme Erfahrung zu ersparen, dass man dem Bestreben, die Bruchenden zu
consolidiren, die Beweglichkeit des Ellbogengelenks zum Opfer
gebracht hat.

Einige Male gelang es mir, die bogig oder winkelig verheilten
Bruchhälften des Humerus durch geeignete, allmählich, aber kräftig
einwirkende Extensionsverbände wieder geradezustrecken.

Lähmungen und Anästhesien in Folge von Schussverletzungen der Armnerven wurden öfter erfolgreich mit dem unter-
brochenen Strome behandelt; einige, wahrscheinlich vollständig zerrissene, zeigten hingegen, durch Wochen lang elektrisirt, nicht die
mindeste Reaction.

Bei den Schussverletzungen des Ellbogengelenkes
wurde auf dem Schützenhause zweimal der Oberarm amputirt, und
zwar von den Doctoren Oberdiek und Hüpeden.

*Fall 21. Schussverletzung des Ellbogengelenkes. Amputatio humeri
am 30. Tage nach der Verletzung. Heilung.*

Bei Wörth erhielt ein Franzose einen Schuss durch das Ellbogengelenk und zwar so, dass die Kugel im oberen Drittheil des linken Vorderarmes 10 Cm. unterhalb des Gelenkes an den Ulnarseite eintrat, bei nahezu
gestrecktem Arm durch das Ellbogengelenk drang, die Ulnarhälfte desselben
zersprengte und schliesslich an der inneren hinteren Seite des linken Oberarms ebenfalls nahezu 10 Cm. oberhalb der Ellbogengelenkslinie austrat. —
Das Gelenk war in den ersten Tagen nicht angeschwollen. Man legte den
Arm in eine gepolsterte Papprinne und applicirte energisch Eis. Gegen
Ende August entwickelte sich gleichwohl eine Schwellung der Gelenksgegend,

die nach oben und unten auf den Arm fortschritt. Zugleich nahm die Eiterung beträchtlich zu und stellten sich heftige Schmerzen und Fiebererscheinungen ein. Deshalb wurde am 5. September der Oberarm zwischen unterem und mittlerem Drittheil amputirt. Man fand das Gelenk vereitert, die Knorpel abgestossen; der processus coronoides ulnae und der condylus int. humeri waren abgeschossen, das Olecranon mehrfach zersplittert, das untere Humerusende vom Periost entblösst, das subcutane und intermusculäre Zellgewebe stark infiltrirt, von Eitermassen unterwühlt. — Die Heilung verlief ohne Zwischenfall, und war am 15. October vollständig beendet.

Im anderen Falle traten erst nach einer 35tägigen Reactionslosigkeit deutliche Zeichen der Gelenksläsion auf.

Fall 22. Schuss schräg über das Ellbogengelenk. Eröffnung desselben. Amputatio humeri am 61. Tage nach der Verletzung. Heilung.

Der Schuss war hier vom Radiushalse quer über den processus coronoideus ulnae nach hinten-innen verlaufen bis zum Epicondylus internus. Radius und Ulna waren gebrochen, der process. coronoideus abgesprengt. Die Wunden eiterten mässig. Das Allgemeinbefinden war gut. Es begann sich schon eine reichliche Calluswucherung um die Fracturstellen des Vorderarmes zu entwickeln, als am 10. September sich in der Gelenksgegend eine Anschwellung unter Fieber einstellte. Heftige Schmerzen im Gelenk bei jeder Berührung, Senkungen auf den Vorderarm, Incisionen. Fortdauerndes Fieber, beständige starke Eiterabsonderung, erneute Schwellung des ganzen Armes veranlassen schliesslich zur Vornahme einer Untersuchung in der Chloroformnarkose. Da man dabei das Gelenk ausgiebig zerstört, sowie auch noch den Triceps auf eine Strecke von Eiter unterminirt findet, so amputirt man am 6. October den Oberarm im mittleren Drittheil. — Der Arm war stark entzündlich, wie auch eiterig infiltrirt. Der Radius 2″ unter dem Gelenke, die Ulna dicht am proc. coronoideus gebrochen, dieser abgesprengt; zahlreiche necrotische Knochensplitter, Bleistücken, Zeugfetzen in der mit jauchendem Eiter gefüllten Gelenkhöhle. Die Humerusepiphyse ist durch eine (theilweise schon wieder knöchern verlöthete) Fissur gespalten, so dass die beiden Gelenksprotuberanzen gabelig auseinander stehen.

Auch hier erfolgte die Heilung rasch.

In diesen beiden Fällen wäre eine primäre Resection sicher das Beste gewesen. Späterhin liessen die localen Läsionen nur die Amputation als zweckmässig erscheinen, zumal auch das Allgemeinbefinden der Patienten eine rasche Coupirung der Eiterung forderte.

In einem Falle von Schussverletzung des rechten Ellbogengelenkes resecirte ich, dem Wunsche der übrigen Collegen nachgebend, am 26. Tage nach der Verletzung nur **partiell**, d. h. ich

nahm nur den hauptsächlich verletzten Epicondylus externus weg
und spaltete dabei zugleich eine Eiteransammlung auf der Vorderarmfascie. Das Befinden war anfangs gut. Die Wunden granulirten
lebhaft; die Knorpel schälten sich auffallend früh ab. In der Folge
entwickelte sich eine Eitersenkung vom Epicondylus hum. intern.
nach aufwärts; zugleich trat dabei ein heftiges Fieber auf, welches
nach der Incision der Eitersenkung continuirlich fortbestand und
schliesslich den die Pyaemia multiplex charakterisirenden Typus
annahm. Letzterer erlag denn auch Patient am 32. Tage nach der
Operation (am 18. nach Entwickelung der Eitersenkung). — Die
Section ergab (ausser den charakteristischen Zeichen der multiplen
Pyämie in Lungen, Milz und Meningen), dass die Gelenkenden schon
theilweise durch Granulationsgewebe verbunden waren. Ein Theil
des mit verletzten processus coronoideus ulnae war necrotisch; die
übrigen Knochen im Zustande einfacher, rareficirender Ostitis.

Wie ich hier von Anbeginn an persönlich gegen diese partielle
Resection eingenommen war, so glaube ich, durch den Verlauf
vollends zu der Meinungsäusserung berechtigt zu sein, dass **derartige** unvollkommene Resectionen nicht zur Nachah-
mung zu empfehlen sind, da sie die Hoffnungen und Wünsche,
welche man sonst mit Recht an die Gelenksresectionen knüpft, von
vorneherein illusorisch machen. Sie werden fast regelmässig zur
Anchylose führen und zwar meist erst nach langwierigen Eiterungen,
welche durch die zum Theil nur unvollständig gelüfteten Buchten
und Winkel der Gelenkhöhle, resp. der Synorialkapsel unterhalten
werden. — Dadurch wird auch wahrscheinlich mehr, als wie Stromeyer glaubt, durch unpassende, flectirte Lagerung die Gefährlichkeit der unvollkommenen Resectionen bedingt. Wenigstens erfolgte
in meinem Falle der Tod, obwohl ich den Arm fast gestreckt auf
der Stromeyer-Esmarch'schen Resectionsschiene liegen liess.

Prognostisch wichtiger scheint mir für die partiellen Resectionen
überhaupt zu sein, wo und wie viel resecirt wurde, ob ge-
nügender Abfluss der Wundsecrete möglich, besonders
aber ob keine ausgedehnteren Fissuren und Erschütterungen vorhanden etc.

Diese Punkte müssen, wie ich glaube, vorzugsweise ventilirt
werden, ehe wir uns zur Vornahme einer bloss partiellen Resection
entschliessen, sie müssen während derselben unser Handeln bestimmen.

Sie sind aber auch maassgebend für die Beurtheilung sowohl der
günstigen wie der ungünstigen Berichte über partielle Resectionen.
Daher können mich wenigstens weder die so entschiedenen Abmah-

nungen Esmarch's *) von der Vornahme einer partiellen Resection da abschrecken, wo ich sie indicirt und für den späteren Heilzweck resp. die spätere Bewegungsfähigkeit ausreichend finde, noch die warmen Empfehlungen Stromeyer's **) und Rupprecht's ***) ohne Weiteres für dieselben bestimmen.

Die Berichte über Erhaltung der Beweglichkeit in solchen Fällen, wo nur ein kleiner Theil eines Gelenkknochens weggenommen wurde, sind immerhin sehr spärlich; und von diesen Fällen sind jene wohl zu trennen, bei welchen ein ansehnliches Stück, entweder das Gelenkende des Humerus, oder das der Vorderarmknochen, entfernt wurde. Letztere bieten begreiflicher Weise weit günstigere Chancen. Aber auch bei den, nur diese Theile betreffenden Verletzungen muss man nicht zu voreilig die Resection nur auf die Entfernung dieser Theile beschränken, weil häufig genug gleichzeitig in den anderen Gelenktheilen kleine Fissuren und Quetschungen gesetzt wurden, welche den Erfolg einer bloss partiellen Resection sehr zweifelhaft machen können. — Deshalb bedarf es hier ganz besonders einer genauen Untersuchung und einer sorgfältigen Erwägung der oben angedeuteten Punkte.

Bei zwei anderen Franzosen auf dem Schützenhause habe ich, bei dem einen am 37. Tage, bei dem andern am 30. Tage nach der Verletzung die totale Resection des zerschossenen Ellbogengelenks gemacht.

Fall 23. Schussfractur des Humerusendes und Radiushalses mit Fissuren in das Ellbogengelenk. Resection. — Tod durch Verblutung, drei Monate nach der Operation.

Ein 21jähriger Franzose hatte bei Wörth am 6. August einen Schuss quer durch den linken Ellbogenwinkel erhalten und zwar so, dass die Kugel zollweit über der Spitze des Olecranon eingedrungen war und, bei nahezu spitzwinklig gehaltenem Arme, dicht vor d. h. unterhalb des Radiusköpfchens herausgetreten war. Das Gelenk war gleich zu Anfang mässig angeschwollen, aber durchaus unschmerzhaft, so dass wir anfänglich geneigt waren, bloss eine, durch Crepitationsgefühl constatirte, Fractur des unteren Humerusendes, sowie des Radiushalses und nur eine Contusion des Gelenkes anzunehmen. — Ich legte deshalb den Arm leicht stumpfwinklig gebogen

---

*) l. cit. p. 78. Esmarch glaubt, dass die Prognose einer Ellbogengelenksresection hauptsächlich abhänge von der „ausgiebigen Zerschneidung des ligamentösen Gelenkapparates".

**) Langensalza-Bericht.

***) l. cit.

in eine Papprinne auf einem Sandsack und liess fortwährend Eisbeutel appliciren. So blieb er 3½ Wochen lang ohne Schmerzen und Fieber, zugleich schien die Schwellung abgenommen zu haben. Die Wunden secernirten nur mässig. — Behufs vollständigerer Fixirung legte ich dann einen Gypsverband an, liess übrigens Eis noch fortgebrauchen. Da erst begann ein leichtes Fieber. Gleichzeitige diffuse Schmerzen nöthigten mich den (übrigens nirgends drückenden) Gypsverband nach einigen Tagen wieder abzunehmen, wobei ich denn eine Eiteransammlung an der Beugeseite des Gelenkes fand. Zum Zweck der Incision und um die Wunden gleichzeitig genauer zu untersuchen, liess ich den Patienten am 12. September chloroformiren und resecirte ihm, da ich von dem fracturirten Humerus Fissuren bis in das Ellbogengelenk laufend fühlte, sofort den Humerus über der gebrochenen Stelle (2″), den Radius in der durchschossenen Partie, während die Ulna über dem processus coronoideus durchsägt werden konnte. Zugleich wurden eine Menge grösserer und kleinerer loser Splitter entfernt und die Eiteransammlungen der Gelenksbeuge entleert. — Das Gelenk selber war noch nicht vereitert; die Humerusepiphyse durch eine Fissur bis durch den Knorpelüberzug gespalten, letzterer erschien längs der Fissur leicht blutig suffundirt. Das Mark des entfernten Humerusendes war, wie ich leider erst post festum sah, von mehreren kleinen Abscessen durchsetzt. — Die Heilung verzögerte sich Wochen lang; Patient hatte einige Schüttelfröste, fieberte continuirlich, wenn auch nur mässig. Trotz alledem befand er sich seinem Aussehen wie Aussagen nach gut. Späterhin wurden noch zweimal Eitersenkungen durch Incisionen entleert, nachdem sich die Resectionswunde schon geschlossen hatte. — Anfangs December wurde Patient mit einer kleinen, mässig absondernden Fistel nach dem Welfenschlosse evacuirt. Sein Aussehen war äusserst blühend. Am 17., 18. December hatte er aus der Fistel leichte, aber öfter wiederkehrende Blutungen, welche mittelst einfacher Compression gestillt wurden; in der Nacht des 19. December aber traten sie heftiger auf, und dauerten, da sie unbemerkt blieben, lange an. Als endlich der Wärter hinzukam, war es zu spät. — Bei der Section fand man die Ursache dieser Blutungen in einer Arrosion der Brachialiswand, durch einen scharfen, necrotischen Knochensplitter verursacht. — Die resecirten Enden sind durch eine theils speckartige, theils fibröse Masse mit eingelagerten Knochenplatten verbunden, der Humerus durch periostale Knochenauflagerungen verdickt; von der Sägefläche ausgehend ist ein ringförmiges Stück mit einer fast 2″ langen, central verlaufenden dünnen Knochenspitze necrotisch geworden und steckt noch lose in der dicken gewulsteten periostalen Röhre. Radial- und Ulnarende sind vollständig von Knochengranulationen überwuchert, die Muskeln nur in der Nähe des Gelenks von Fettmassen infiltrirt, sonst in ihren Fibrillen vorhanden.

Wenngleich ich nicht leugnen kann, dass in diesem Falle eine Amputation des Humerus ungleich schneller zum Ziele geführt haben würde, so spricht doch der Sectionsbefund keineswegs gegen die Berechtigung der Resection. Der necrotische Knochen wäre ausgestossen worden und der Arm hätte in der periostalen Neubildung des Humerus eine ausreichend feste Stütze gehabt. Das Fettgewebe wäre resorbirt, die Muskeln wieder functionsfähig und der Arm schliesslich wohl brauchbar geworden, — wenn Patient nicht verblutet wäre!

Nach wie ungemein langer Zeit die Muskeln resecirter Knochen wieder vollkommen functionsfähig werden können, beweist der folgende, ebenfalls von mir am 30. Tage nach der Verletzung im Ellbogengelenke total resecirte Patient.

Fall 24. Schuss durch das linke Ellbogengelenk. Resectio cubiti totalis. Heilung mit vollkommener Beweglichkeit.

Ein Franzose, 25 Jahre alt, hatte am 6. August 1870 bei Wörth einen Schuss quer durch die Ulna erhalten, gerade entsprechend der Grenzlinie zwischen Körper der Ulna und Olecranon. Die Gelenkshöhle ist eröffnet, die ganze Gelenksgegend stark angeschwollen und schmerzhaft. Die Wunden secerniren reichlich ein dünnes mit Synovia und Eiter gemengtes Secret. Patient fiebert. — Ich legte deshalb den Arm vorläufig in einen gefensterten Gypsverband und liess Eisbeutel darauf appliciren. Einige kleine Splitter spongiöser Knochensubstanz wurden entfernt. Da das Fieber in der Folge heftiger wurde und sogar einige Schüttelfröste auftraten, Patient überdies gleichzeitig über Schmerzen längs des Oberarmes klagte, so liess ich den Gypsverband am 1. September wieder abnehmen und konnte dabei eine Eitersenkung unter dem Triceps constatiren. Eine Incision schaffte keinen genügenden Eiterabfluss; deshalb entschloss ich mich, zumal das Fieber etwas nachgelassen hatte, die verletzten Gelenkstheile zu entfernen, wobei natürlich auch die Eiterhöhle hinlänglich gelüftet werden konnte. Patient wurde daher am 5. September chloroformirt; leider konnte dies wegen fortwährender klonischer Krämpfe nur sehr unvollkommen geschehen. Dadurch wurde die Operation zwar sehr erschwert, aber dennoch rasch beendet. Ich entfernte vom Humerus etwa 1″, durchsägte die Ulna dicht unter dem processus coronoideus und den Radius in gleicher Höhe. — Sämmtliche Gelenkstheile waren vom Knorpel entblösst, rauh. Die Verletzung beschränkte sich bloss auf die oben bezeichnete Partie. — Das Befinden in den ersten Wochen nach der Operation war trotz eines fortstehenden, mässigen Fiebers gut. Mitte October war Patient fieberfrei. Der Verlauf war weiterhin ein ähnlicher wie im vorigen Falle. — Im März dieses Jahres wurde ein mehrere Zoll langes necrotisches Stück vom Hu-

4

merus entfernt. — Bis dahin hatte Patient allerdings fortwährend volles Gefühl und auch mässige Bewegungsfähigkeit in der Hand, im Ellbogengelenke hingegen war es ihm vollständig unmöglich, irgend welche Bewegung auszuführen. Es schien hier ein „Schlottergelenk" zu bleiben. — Mittlerweile hat es nun der intelligente Patient sich angelegen sein lassen, seinen nunmehr nur noch mit einer mässig secernirenden Fistel behafteten Arm tüchtig zu baden und zu üben, und es zur Zeit so weit gebracht, dass er jetzt fast alle Bewegungen damit ausführen kann.

Die Muskeln haben also nach beinahe 9monatlicher Ruhe, wenn auch noch nicht ihre alte Kraft, so doch ihre volle Functionsfähigkeit wieder erlangt.

Beide Male wurde total nach von Langenbeck's Methode operirt. Ich führte den Schnitt längs der Innenseite des Triceps und erhielt dabei die Tricepssehne unversehrt, wie ich mich auch durch möglichst schonende Ablösung des Periosts bemühte, die sehnigen Ansätze der übrigen Muskeln zu conserviren. — Beide Arme wurden nach der Resection auf einer Stromeyer-Esmarch'schen Resectionsschiene gelagert. — Letzterer liess ich ein keilförmiges Stück, entsprechend dem Ellbogen, ausschneiden, wodurch das Verbinden weit besser ohne die geringste Locomotion des Gliedes ermöglicht wird, wenn nämlich unter diesem Ausschnitte eine Höhlung in den Lagerkissen belassen wird. Diese wurde nach dem Verbinden stets wieder durch ein entsprechend grosses keilförmiges Kissen ausgefüllt, indem man dasselbe von unten her einschob. — Die Stromeyer'schen Resectionsschienen verdienen mit Recht das lebhafte Interesse, welches man ihnen jetzt schon ziemlich allgemein zu schenken begonnen hat. — Im späteren Verlaufe der Behandlung wurden öfter Gypsverbände angelegt.

Wenn dies allerdings auch nur wenige Fälle sind*), so spricht der Erfolg dieser unter thatsächlich höchst ungünstigen Verhältnissen (während hohen Fiebers) unternommenen Resectionen doch auch überhaupt sehr zu Gunsten dieser Operation. Aber bei keiner Operation ist die Nachbehandlung in einem solchen Grade maassgebend für einen glücklichen Verlauf, wie bei der Resection. Absolute Ruhe und strenge locale Antiphlogose (Eis) im Beginne wirken besonders mildernd auf die locale Entzündung ein; aber ich zweifle auch nicht, dass dadurch mittelbar selbst die gefahrdrohenden

---

*) Der erste citirte Fall zählt hier entsprechend mit; denn er hätte wahrscheinlich gleich günstig geendet, wenn man die Blutung rechtzeitig und dauernd gestillt hätte.

osteomyelitischen Processe in dem Knochen, wenn auch nicht ver-
hütet, so doch in ihrer weiteren Ausdehnung beschränkt und gehemmt werden können.

Daneben scheint mir eine, natürlich fortwährend überwachte,
kräftige Diät vortheilhafter zu sein, als die beliebte „diète absolue".
— Später wird es gut sein, die Gelenke häufig warm baden zu lassen,
wodurch theils die Lösung etwaiger Splitter, sowie die Resorption
der „speckig entarteten Exsudatmassen" befördert wird, wie auch
dadurch die Muskeln ihren Tonus wieder erhalten. — Den unzweifelhaft günstigen Einfluss der Faradisation auf die Muskeln resecirter
Gelenke zu prüfen hatte ich leider keine Gelegenheit.

Ausser diesen Ellbogengelenksverletzungen kamen mir noch zwei
mit schon vollendeter Anchylose in Behandlung. Bei dem
einen Patienten hatte eine Kugel das Radiusköpfchen abgeschossen.
Die Wunden waren vollkommen verheilt, das Gelenk in nahezu gestreckter Haltung anchylosirt, die Muskulatur sowohl des Ober-
wie des Vorderarmes atrophisch. — Der Andere hatte eine ähnliche
Verletzung erhalten, wie sie unter Fall 24 beschrieben worden,
nämlich einen Schuss quer durch das Olecranon. Die Wunden
eiterten noch. Auch hier war das Ellbogengelenk in einem stumpfen
Winkel anchylosirt. — In der Folge mussten wiederholt Eitersenkungen in den Gelenksumgebungen incidirt werden, öfter wurden
kleine necrotische Splitter entfernt. — Am 25. October wurden die
Wunden vom Hospitalbrand befallen, aber binnen 12 Tagen wieder
rein. — Die Heilung erfolgte von da ab ohne Aufenthalt. — Hier
war die Oberarmmuskulatur ebenfalls atrophisch, die Vorderarm-
muskeln dagegen in mässigem Grade functionsfähig.

Da sich beide Patienten gegen jeden instrumentellen Eingriff
lebhaft sträubten, so wollte ich wenigstens eine forcirte, manuelle
Correctur der störenden Armstellung vornehmen; leider gestatteten
auch dies die ängstlichen Patienten nicht. — Bekanntlich vermag
auch ein rechtwinklig im Ellbogengelenke anchylosirter Arm
immerhin noch gute Dienste zu leisten. Und besonders am linken
Ellbogen, und bei Leuten, welche ihren Arm nur zu grober Arbeit
brauchen, kann man, falls die localen Verhältnisse der verletzten Theile nicht eine operative Entfernung von vornherein in-
dicirten, sehr wohl auch eine Anchylose im rechten Winkel eintreten
lassen*).

---

*) Ich habe als Arzt am hiesigen städtischen Krankenhause einmal gelegent-
lich einen im Ellbogengelenke nahezu rechtwinklig anchylosirten Arm genauer
untersuchen können. — Er gehörte einem robusten Eisendreher an, der in Folge

Bei Narbencontracturen im Ellbogengelenke erzielten wir öfter noch nach Wochen langer Behandlung, welche hauptsächlich in Bädern, nassen Localeinwicklungen, Gymnastik und Elektrisiren bestand, einige Besserung.

Bei den Schussverletzungen der Vorderarmknochen wurden sowohl Gypsverbände, wie Kapsel- und Schienenverbände angewandt. Bei Verletzung nur eines Knochens genügt meines Erachtens ein Kapsel- oder Schienenverband; bei den Schussfracturen beider Vorderarmknochen mag der Gypsverband seine Vorzüge haben. — Für alle Verbände, besonders aber für die Gypsverbände gilt es, sie nicht zu lange liegen zu lassen, um Steifigkeit und Anchylose der Armgelenke zu vermeiden. Diese Unannehmlichkeiten treten an und für sich leichter und häufiger im Handgelenke und oberen Radio-Ulnargelenke ein, aber bei Schüssen nahe dem Ellbogengelenke ebenso auch in diesem selber. — Aus diesen Rücksichten habe ich im Ganzen bei Vorderarmschüssen Kapselverbände den immobilen vorgezogen.

Einige Male wurden bei Weichtheilschüssen des Vorderarmes nahe unter dem Ellbogengelenke Kugeln entfernt. — Hier beobachtete man auch häufiger Eitersenkungen nach der plica cubiti hin, seltener Eiterretentionen unter der Vorderarmfascie oder zwischen den Muskelscheiden. — Die Granatrisswunden werden später besprochen werden.

Von den beiden Knochen war in überwiegender Häufigkeit die Ulna verletzt, nämlich 18 mal, während der Radius allein nur 7 mal zerschossen war, beide Knochen wurden 5mal gleichzeitig verletzt. — Die Verletzungen der Ulna bieten insofern im Ganzen eine weniger günstige Prognose, wie die des Radius, als dabei sehr häufig der Nervus ulnaris mit zerschossen wird.

Auch bei den Schussfracturen beider Vorderarmknochen wurden einige Male bleibende Functionsstörungen in Folge von gleichzeitigen Nervenverletzungen beobachtet. So z. B. im folgenden Falle bei einem anämischen, kleinen Franzosen, welcher überdies noch am andern Oberarme (in Folge eines Weichtheilschusses) eine Paralyse fast sämmtlicher Armmuskeln und heftige neuralgische Schmerzen längs des besonders afficirten Medianus hatte.

---

einer Gehirnverletzung starb. — Die Muskeln der Schulter, wie die des Vorderarmes waren ungemein kräftig entwickelt, der Biceps und Triceps mässig gut, aber doch unverhältnissmässig schwächer, der Brachialis internus dagegen war vollständig atrophirt und stellte nur eine lockere Bandmasse dar. Das Gelenk war theilweise knöchern verwachsen.

Fall 25. Schussfractur beider Knochen des linken Vorderarmes.
Verletzung des Medianus, Ulnaris, und ramus superficialis N. radialis.
Unvollkommene Heilung.

Ein Franzose, 24 Jahre alt, hatte am 6. August 1870 einen Schuss quer durch beide Knochen des linken Vorderarmes im untern Drittheil erhalten. Die Kugel war zwischen M. ulnaris internus und der Ulna eingetreten und zwischen der Sehne des Supinator longus und dem Radius herausgedrungen, hatte dabei die Ulna im Anschlagen einfach fracturirt, den Radius zersplittert. Aus letzterer Wunde soll unmittelbar nach der Verletzung ein starker Blutstrom gekommen sein, der durch einen Compressivverband dauernd gehemmt wurde. Jetzt (zwei Monate nach der Verletzung) war der Radialpuls über dem Handgelenke deutlich fühlbar. Die Knochen waren durch einen mässigen Callus verlöthet. Beide Wunden waren noch offen, sonderten wenig ab; aus der Radialwunde wurden öfter kleine Splitter entfernt. Pronations- und Supinationsbewegungen sind wegen der Knochenauftreibungen nur in beschränktem Maasse ausführbar. Die Muskulatur des Vorderarmes, noch mehr die der Hand, ist atrophisch, die Sensibilität sehr stark vermindert. Die Finger sind gestreckt, können passiv gebeugt werden, spontan nicht. — Eine Besserung der Lähmungen trat nicht ein; die Knochenwunden aber verheilten vollkommen.

Ein weiteres unangenehmes Ereigniss, nämlich die Verschiebung der Fragmentenden nach innen wurde nur einmal beobachtet. Gleichzeitig war damit eine sehr voluminöse Callusbildung complicirt, welche die Fragmentenden beider Knochen in einer gemeinsamen Höhle einkapselte.

Fall 26. Schussfractur beider Vorderarmknochen in der Mitte. Verschiebung der Fragmentenden. Voluminöser Callus. Unvollkommene Heilung.

Patient, 26 Jahre alt, bei Wörth verletzt, kam erst zwei Monate nach der Verletzung in meine Behandlung. Der rechte Arm zeigte in der Mitte eine länglich-runde Auftreibung, nahezu von der Grösse zweier Mannsfäuste. Ellbogen- und Handgelenk waren frei beweglich; das Radiusköpfchen dagegen an der Ulna fixirt. Bei der gewöhnlichen Ruhelage des (— also flectirt gehaltenen —) Armes kann man den Radius vom Köpfchen aus deutlich eine Strecke weit bis an den Callus heran durchfühlen, ebenso die Ulna vom Olecranon aus. Vergleicht man diese beiden oberen Enden mit den Handgelenksenden beider Vorderarmknochen, so fällt sofort eine beträchtliche Deviation auf. Die oberen und unteren Enden beider Knochen bilden mit einander nicht allein einen stumpfen Winkel, sondern sie liegen

auch in verschiedenen Richtungsebenen. Während das obere Ende
des Radius in Supinationsstellung an der Ulna fixirt ist, liegen
beide untere Enden in starker Pronationsstellung; obere und
untere Hälfte des Vorderarmes (mit der Hand) sind demnach in der Mitte
nach verschiedenen Richtungen verdreht und in dieser abnor-
men Stellung durch den voluminösen Callus fixirt. Die Behandlung hatte
früher, nach des Patienten Aussage, nur in dem Verbinden der Wunden und
nachheriger Anlegung einer Mitella bestanden. — Durch drei Fisteln ge-
langt man in das Innere dieser grossen Calluskapsel und fühlt allenthalben
necrotische Splitter. — In der Folge habe ich eine Anzahl kleinerer Splitter
entfernt und endlich durch eine Sequestrotomie 2 grössere, mehrere Zoll
lange, necrotische Fragmentenden herausgeholt. Ein Versuch, die abnorme
Stellung zu corrigiren, misslang. — Patient wurde so mit zugleich nur mässig
beweglicher Hand evacuirt.

Voluminöse Callusbildung nach Schussfractur beider
Knochen ist ausserdem nur noch einmal beobachtet worden, ebenfalls auf meiner Abtheilung. In diesem Falle war zwar die Richtung der Vorderarmknochen normal, aber ebenfalls Pronation und
Supination unmöglich, überdies auch die Bewegung im Ellbogengelenke sehr beschränkt. Die Callusmasse nahm das obere Drittheil
des Vorderarmes bis nahe an das Gelenk ein.

Einige Male blieb nach Schussfracturen einzelner Vorderarmknochen eine „beschränkte Pronation und Supination" zurück, wie
ich nach den Berichten vermuthe, weniger in Folge einer störenden
Callusentwickelung, als vielmehr in Folge zu lange getragener fester
Verbände.

Im Allgemeinen ist es, glaube ich, bei den Fracturen der Vorderarmknochen zweckmässig, thunlichst früh (natürlich nicht während
der acuten Entzündungsperiode) die habhaften losen Splitter mit
Umsicht zu entfernen, um der Entwickelung voluminöser Callus-
massen möglichst vorzubeugen. Hier möchte dies Verfahren um so
eher gerechtfertigt sein, als dasselbe ja hier wegen der leichteren
Zugänglichkeit der Knochen auch mit hinlänglicher Schonung geübt
werden kann. — Ich habe wenigstens alle meine Patienten mit Vor-
derarmschussfracturen, bei welchen sämmtlich ich nach dem eben
eben ausgesprochenen Grundsatze handelte, mit vollkommen beweg-
lichen Gelenken entlassen.

Dass übrigens, wie Manche glauben (z. B. Maas[*]), bei vor-
aussichtlicher Bewegungshinderung eine volle Supinations-

---

[*] l. c. pag. 83.

haltung, „so dass der Kranke in den Handteller sehen kann," die „beste Gebrauchsfähigkeit" gewähren wird, scheint mir durchaus nicht so ohne Weiteres gültig. In vielen Fällen möchte eine leicht pronirte Haltung der Hand dem Kranken eine weit vollkomm-nere Gebrauchsfähigkeit sichern.

Verletzungen der Hand führen ebenso häufig wie die des Fusses zu frühen phlegmonösen Entzündungen und Eiterungen, was mir unzweifelhaft in dem anatomischen Bau beider begründet zu sein scheint. Bei Beiden liegen die Weichtheile dem Skelet so straff und fest an, dass sich Erschütterungen, welche einen Knochen treffen, ganz gewöhnlich auf alle fortpflanzen, aber auch ebenso direct auf die Weichtheile übertragen werden — daher also auch in diesen moleculäre Zerreissungen oder Hämorrhagien setzen, welche bei der localen entzündlichen Diathese ungemein leicht zu Eiterungen dis-poniren. Ausserdem wird aber auch sowohl im entzündlichen Sta-dium, wie bei schon florider Eiterung durch die straffen Aponeu-rosen der freie Abfluss der Secrete leicht gehemmt. Weiterhin kann ebenderselbe Druck der Aponeurosen auf die entzündlich ge-schwellten Gewebe zu raschen und ausgedehnten Necrosen sowohl weicher Gewebe wie der Knochen führen. Daher schreibt sich auch wohl die allgemein verbreitete Meinung von der Gefährlichkeit der Hand- wie Fusswurzelschüsse, welche früher sogar Manchen zum sofortigen Amputiren verleitete.

Heutzutage haben diese Verletzungen bei einer energischen Kältebehandlung und kühnen frühzeitigen Incisionen viel von ihrer Gefährlichkeit verloren.

Eine Verletzung des unteren Radialendes durch einen Granat-splitter veranlasste mich, am 29. Tage nach der Verletzung das gleichzeitig betroffene Handgelenk partiell zu reseciren, nämlich das Gelenksende des Radius und das schon gelöste os lunatum zu entfernen.

Fall 27. Schussverletzung des unteren Radiusendes. Partielle Resection des Handgelenkes. Heilung.

Ein französischer Liniensoldat, 25 Jahre alt, wurde am 6. August bei Wörth durch ein Stück vom Bleimantel einer Granate am unteren Ende des Vorderarmes verletzt. — Auf der Dorsalseite des unteren Vorderarmendes und zum Theil noch auf dem Handgelenke war eine grosse Wunde mit stark wuchernden, wulstigen Granulationsmassen und unebenem, an einer Stelle trichterförmig vertieftem Grunde. An der Volarseite des unteren Radius-endes befindet sich eine zweite, etwa thalergrosse, sonst wie die andere beschaffene Wunde. Hand und Vorderarm sind ödematös geschwollen. Die Ulna ist unverletzt, der Radius kurz vor seinem Handgelenksende gebrochen. Patient fiebert mässig. — Der Arm wird auf eine Hohlschiene gelegt, Hand und Vorderarm mit Eisbeuteln umgeben, die Wunden mit Carbolölcharpie bedeckt. — Da das Fieber trotzdem zunahm, so liess ich den Patienten behufs genauerer Untersuchung am 4. September chloroformiren. Ich fand das untere Radialende mehrfach gesplittert, necrotisch, im Handgelenke eine Anzahl loser Knochen, bemerkte aber zugleich, dass der . rtheil des Gelenkes intact war. Ich erweiterte nun die Wunde durch n Schnitt längs des Radius, schälte die Weichtheile mit dem Perioste auf eine Strecke von beiläufig 3 Cm. vorsichtig ab, und versuchte zunächst de nochen mit einer Stichsäge zu durchtrennen. Da dies jedoch zu schwierig war, kneipte ich das Ende mit einer starken Knochenzange durch einen kräftigen Händedruck ab, entfernte alle Splitter und mit ihnen auch das schon theilweis gelöste os lunatum. Danach wurde die Wunde mit einer kalten, nassen Compresse bedeckt, der Arm auf eine neue Hohlschiene gelegt. · In den folgenden Tagen war das locale wie allgemeine Befinden vorzüglich. Später entwickelte sich längs der Sehne des Abductor poll. longus eine Eiterung, die eine kleine Incision nothwendig machte. — Ende September trat — wie später ausführlich berichtet werden wird — Hospitalbrand in der Wunde auf. Nach dessen Bekämpfung schritt die Heilung rasch vorwärts. — Bei seiner Entlassung (1. November) kann Patient die Finger frei bewegen. Die Hand steht etwas radialwärts. Beweglichkeit im Handgelenke ist nur in geringem Grade vorhanden.

In diesem Falle war die Prognose durch die ausgedehnte Verletzung schon von vornherein precär; doch hätte man, da ausser der Sehne des Abductor pollicis longus keine zerrissen war (— die des gemeinschaftlichen Streckers lagen anfangs bloss, waren aber nur gequetscht —) vielleicht durch eine vollkommene Resection ein besseres Resultat erzielt. — Immerhin können wir auch mit diesem zufrieden sein. Denn der Patient behielt eine, wenngleich im Handgelenke fast steife, so doch im Uebrigen gut brauchbare Hand.

Bei den andern Handgelenksverletzungen war 3 Male die Amputation des Vorderarmes nothwendig, aber wie ich mich wenigstens bei meinem Falle überzeugt halte, nur weil man, verführt durch die Reactionslosigkeit der Wunden unter der Eisbehandlung, diese viel zu früh abgebrochen hatte. Einer davon starb am 35. Tage nach der Verletzung an Verblutung in Folge von Septicopyaemie; einer am 39. Tage an multipler Pyaemie; der Dritte kam durch.

Fall 28. Schuss durch das linke Handgelenk. Starke phlegmonöse Entzündung des Vorderarmes. Incision. Amputatio antibrachii. Septico-pyaemie. Blutungen. Tod. Section.

Ein 40jähriger Chasseur erhielt am 6. August bei Wörth einen Schuss gerade durch die Radialpartie des Handgelenks. In der Wunde sind Knochensplitter vom zerschossenen Radialende und den entsprechenden Carpalknochen sicht- und fühlbar. Die Handgelenksgegend ist mässig angeschwollen; die Eiterung stark. — Patient ist sehr blass und schwach, wie er erzählt, in Folge einer starken Blutung auf dem Schlachtfelde; er fiebert, klagt über heftige Schmerzen im ganzen Arm. Einfache Lagerung auf einer Hohlschiene. — In der Folge nimmt die Schwellung und das Fieber zu. Die Vena cephalica ist als ein harter, schmerzhafter Strang zu fühlen. — Aus einer Incisionsöffnung auf der Ulnarseite des Vorderarmes entleert sich stinkende, mit Gasblasen gemengte, jauchige Masse, ebenso aus denen auf dem Handrücken. Im Handgelenke fühlt man rauhes Crepitiren der entblössten Carpalknochen. — Deshalb schritt man, sowie die Infiltration des Armes etwas nachgelassen hatte, am 2. September zur Amputation. Medicinalrath Dr. Burghard amputirte den Vorderarm im „Gesunden", etwa drei Querfinger unterhalb des Ellbogengelenks. — Im abgenommenen Arme fand man eine Verjauchung des Handgelenks, Necrose sämmtlicher Carpalknochen, sowie der Handgelenksenden des Radius und der Ulna. Ersterer war überdies zersplittert, die Ulna dagegen bis zur Mitte vom Perioste entblösst. Im Marke derselben fand man purulente Osteomyelitis, das umgebende Zellgewebe, wie das zwischen den Muskelscheiden ist von einer jauchig-eiterigen Masse unterwühlt. — Nach der Amputation blieb das Fieber gleich hoch. Am 5. September starke, parenchymatöse Nachblutung. Tamponade; ebenso am 7. September. Ein blutendes Gefäss war nicht zu finden. Am 10. September früh erneute Blutung. Man stillte sie; aber trotzdem starb Patient unter Krämpfen noch am selben Tage. — Die Section ergab allgemeine Blutleere. — In den unterbundenen Vorderarmarterien keine Thromben, die Gefässwandungen unverändert, in der Umgebung ein Blutextravasat. Ulna und Radius zeigen im Marke kleine Abscesse, eben solche findet man in der Umgebung des Condylus internus humeri, in den Armvenen nichts.

Bei diesem Patienten war die Haupt-Todesursache wohl die Septico-pyaemie; und sind die Blutungen nur als deren Folgeerscheinungen aufzufassen (cf. „Pyaemie").

*Fall 29. Schuss durch den rechten Carpus. Verjauchung des Hand-
gelenks. Amputatio antibrachii. Tod an Pyaemie. Section.*

Ein 22jähriger Franzose hatte am nämlichen Tage einen Schuss durch
den Carpus seiner rechten Hand erhalten. Die Kugel war gerade durch
das os capitatum durchgedrungen. — Die Wunden sind klein, des Handgelenk ist frei beweglich, nicht geschwollen. Allgemeinbefinden gut. —
Schienenverband; Eis, welches jedoch der Patient sehr lässig auflegte, wie
er auch nicht im Bette zu erhalten war. — Am 28. August bekommt Patient
heftiges Fieber. Hand und Vorderarm schwellen stark an. Incision. Crepitationsgefühl im Handgelenke. Am 5. September machte ich die Amputation im oberen Drittheile des Vorderarmes. — Der Befund an dem Handgelenke war der nämliche wie im vorigen Falle. Jedoch war hier die Infiltration des Vorderarmes geringer. Das Mark der Knochen nur stark
injicirt. — Am Tage nach der Amputation Nachlass des Fiebers; am
8. September jedoch neue Fieberexacerbation, Schüttelfröste. — Dieselben
wiederholen sich in den folgenden Tagen, während Patient zugleich Schmerzen
in der Leber klagte, sein Leib sich tympanitisch auftrieb, starkes Erbrechen
und profuse Diarrhöe sich einstellte. Am 11. September Tod. — Bemerkenswerth waren in diesem Falle noch die enormen Temperaturschwan-
kungen (von 37 bis 40, ja sogar einmal zu 41° C.). Täglich wurden mindestens zwei Fröste constatirt. — Die Section ergab eine beginnende
Osteomyelitis in den Knochenstümpfen, in den Brachialvenen flüssigen Eiter.
Das Ellbogengelenk war frei. Abscesse in den Lungen, purulente Pleuritis,
Peritonitis.

Der dritte Fall betraf einen 25jährigen Franzosen, der ebenfalls
bei Wörth verletzt wurde.

*Fall 30. Schuss durch das Handgelenk. Verjauchung des Gelenkes.
Phlegmonen, Incision. Amputatio antibrachii. Nachblutung. Ligatur
der Brachialis. Heilung.*

Die Kugel war von der Vola manus in den Daumenballen eingedrungen
und hatte das Handgelenk nach der Dorsalseite des Radius zu schief durchsetzt. Das untere Radialende war gesplittert. In den ersten Tagen keine
Erscheinungen; erst am 20. August Schwellung des Gelenkes, diffuse Phlegmone der Hand und des Vorderarmes, Incision. — Crepitationsgefühl im
Handgelenke. — Am 3. September amputirte Sanitätsrath Dr. O b e r d i e k
den Vorderarm im oberen Drittel, unter Bildung eines vorderen, grösseren
Lappens durch Einstich. — Die Carpalknochen und die Handgelenksenden
der Vorderarmknochen lagen auch hier entblösst in einer Jauchehöhle.
Osteomyelitis war n i c h t vorhanden. — Drei Tage nach der Amputation trat
die erste Nachblutung auf, welche bei stärkerer Wiederkehr am 8. September

erfolgreich durch hohe Unterbindung der Brachialis gestillt wurde (siehe oben pag. 32). Die Heilung erfolgte hierauf ohne weiteren Zwischenfall bis zum 21. October.

Ob man bei derartigen nur auf die Gelenkstheile der Hand beschränkten Verletzungen nicht vielleicht stets reseciren sollte, kann wohl zur Zeit noch nicht entschieden werden, da diese Operation an Schussverletzten bislang nur sehr selten ausgeführt wurde *). Was die Operationsmethode anlangt, so würde sich wohl ein einfacher Längschnitt parallel dem Ulnarrande am besten empfehlen. Dieser ist zuerst von Chassaignac angegeben, neuerdings besonders von Lister geübt worden. Nach dessen Methode (Lancet. 1865. I. pag. 308) lassen sich von diesem einzigen Schnitte aus, dem man je nach dem Bedürfniss noch einen Hülfsschnitt von der Basis des 2. Metacarpus nach dem Radius zu, auf der Dorsalfläche des Handgelenks beifügen kann, alle Handwurzelknochen der Reihe nach exstirpiren, und die Handgelenksenden der Vorderarmknochen reseciren, und zwar, was für den Heilerfolg gerade dieser Operation höchst wichtig ist, mit vollständiger Schonung der Gefässe, Nerven und Sehnen der Hand. Es wird nämlich durchaus subperiostal operirt, so dass man die Sehnen etc. gar nicht zu Gesicht bekommt. — Je nach der Ausdehnung der Verletzung würde diese Operationsmethode natürlich zweckentsprechende Modificationen erfahren müssen.

Die Resection verlangt allerdings viel Zeit und Geschicklichkeit, und das mögen wohl auch die Gründe sein, weshalb sie nur wenig ausgeführt wurde. Gleichwohl ist nicht zweifelhaft, dass sie hier um so bessere Resultate **) haben wird, als ja bekanntlich eine exspectative Behandlung im günstigsten Falle nur Anchylose des Handgelenkes und Verwachsungen der Carpalknochen erzielt. Dieses Ereigniss, welches den Besitzer der Hand meist zum Invaliden macht, noch mehr die traurige Nothwendigkeit einer Opferung des ganzen Gliedes, zu welcher uns immer noch häufig genug die ge-

---

*) Merkwürdiger Weise wurde überhaupt die erste totale Handgelenksresection wegen einer Schussverletzung durch eine Haubitze, und zwar von Beyer 1762, ausgeführt. Der Erfolg war gut, Form wie Function des Handgelenks wurden vollkommen wieder. restituirt. cf. O. Heyfelder, Operationslehren. Statistik der Resectionen. 1861.

**) Uebrigens möchte heutzutage wohl auch durch die kleineren Wunden, welche die Geschosse unserer jetzigen Waffen machen, sowohl die Ausführung wie der Erfolg der Handgelenksresection nach Schussverletzungen noch ganz besonders begünstigt werden.

fährlichen Vereiterungen des Handgelenks zwingen, oft zwingen, ohne dass es möglich ist, den Patienten dadurch noch zu retten: — alles dies legt es uns nahe, auch bei den Schussverletzungen des Handgelenks die Resection als eine indicirte Operation anzuerkennen und auszuführen.

Bei mehreren Streifschüssen des Carpus und Metacarpus blieb eine Steifigkeit im Handgelenke zurück, wohl mehr in Folge narbiger Verkürzung der sehnigen und ligamentösen Partien, als in Folge einer Knochenverlöthung, ein Ereigniss, welches in dem oben über Handverletzungen im Allgemeinen Gesagten seine Erklärung findet. — Der Gypsverband that bei einem derartigen Streifschusse mit Contusion des Gelenkes insofern gute Dienste, als Schmerzen und Anschwellung sofort nachliessen. Leider blieb schliesslich eine Anchylose im Handgelenke zurück.

Ein Schuss zwischen erstem und zweitem Metacarpalknochen heilte nach etwa 55 Tagen, anscheinend mit einer „Periostitis" des gestreiften zweiten Metacarpalknochens. Mehrere Wochen später brach die Narbe wieder auf und eiterte stark. Ende November (nahezu vier Monate nach der Verletzung) fühlte man einen harten, um den zweiten Metacarpalknochen gelegten Körper; man schneidet ein und entfernt ein spiraliges Stück Blei, welches die „Periostitis" vorgetäuscht hatte.

Bei bloss auf narbiger Verkürzung der ligamentösen Gebilde der Hand beruhender Steifigkeit kann eine umsichtige Nachbehandlung Manches leisten. So erzielten wir durch warme Bäder, geregelte zweckmässige Gymnastik etc., in mehreren derartigen Fällen wieder eine gewisse Beweglichkeit.

Ueber die Behandlung der Fingerschüsse scheinen die Meinungen noch nicht zum Abschluss gekommen zu sein. Ich meines Theils glaube, dass man nicht ohne Weiteres alle zerschossenen Finger exarticuliren darf, weil nicht alle später stören. — Wenn ein Finger im Metacarpophalangealgelenke durchschossen ist, so thut man, falls die Sehnen mit zerrissen sind, ohne Zweifel gut, denselben sofort zu entfernen. Ist er an einer anderen Stelle durchschossen, das Metacarpophalangealgelenk aber unverletzt, so kann man den Finger wohl belassen, indem man ihn in den vor der zerschossenen Stelle liegenden Phalangealgelenken steif verheilen lässt, im Metacarpophalangealgelenke aber beweglich erhält. Dass dieses möglich ist, dass ferner ein solcher Finger nicht stört, im Gegentheil nützlich verwendet werden kann, davon habe ich mich bei mehreren Fällen überzeugen können. — Von diesen will ich nur den folgenden erwähnen:

Fall 31. Schussfractur der ersten Phalanx des linken Zeigefingers. Conservirende Behandlung. Heilung.

Einem 18jährigen Turco war bei Wörth die erste Phalanx des linken Zeigefingers derart durchschossen, dass auf der Ulnarseite des Gliedes nur noch eine schwache Hautbrücke, auf der Radialseite ausser der Haut noch einige Fetzen Periost erhalten waren, welche die beiden noch vorhandenen Gelenkenden der Phalanx verbanden. Ich befestigte den Finger in den ersten Tagen auf einer besonderen schmalen bis in die Mitte der Hand reichenden Schiene mit Heftpflaster, verband die Wunden mit Carbolcharpie, und liess den Finger auf der Schiene täglich zweimal in lauem Wasser baden. Rasch füllte sich die Lücke mit Granulationen. — Nun liess ich die schmale Fingerschiene nur bis zum Metacarpophalangealgelenke reichen, befahl dem Patienten, den so fixirten Finger in dem genannten Gelenke beim Baden mässig zu bewegen. In der Folge wurde die Secretion geringer, das Gewebe fester; schliesslich war nach 35 Tagen die ganze Phalanx von dem Reste Periost und den beiden Gelenkenden aus, ohne jegliche Verkürzung, vollständig restituirt. Der Finger war, wenngleich in den Phalangealgelenken steif, im Metacarpophalangealgelenke vollkommen frei beweglich und functionsfähig.

Demnach müssen hier (wahrscheinlich unter vorzugsweiser Vermittelung der gefässreichen, gerade an dieser Stelle besonders entwickelten Synovialzotten und — membranen — vincula s. tenacula tendinum, Luschka — der Fingersehnenscheide) alle durchpassirenden Sehnen mit dem Metacarpalende der ersten Phalanx eine vollständige Verwachsung eingegangen sein.

4. Verletzungen der unteren Extremitäten.

Die Heilungsergebnisse dieser Gruppe von Schussverletzungen sind bei uns am besten gewesen, nämlich auf 98,8 % Geheilte nur 1,2 % Todte. Dies günstige Verhältniss erklärt sich einfach aus der geringen Anzahl von Knochenverletzungen.

Die einzige Hüftgelenksverletzung meiner Tabellen war auch in anderer Beziehung ein Unicum. Es wurde nämlich dabei am 90. Tage nach der Verletzung die Resection gemacht und zwar mit so ausgezeichnetem Erfolge, dass der Patient schon am 90. Tage nach der Resection an Krücken gehen konnte. Dergleichen kommt so selten vor, dass eine ausführlichere Mittheilung des Falles wohl gerechtfertigt ist.

*Fall 32. Schussverletzung des rechten Hüftgelenkes. Resection am
90. Tage nach der Verletzung. Heilung mit guter Beweglichkeit im
Hüftgelenke.*

Friedrich John, 23 Jahre alt, aus Berlin, Soldat des 1. Brandenburg. Leib-Grenadier-Regiments Nr. 8, 1. Bat. 2. Comp. hatte am 6. August
1870 bei Saarbrücken einen Flintenschuss schräg durch die rechte Hüfte
von vorn nach hinten erhalten. Er kam noch am Schlachttage in ein provisorisches Lazareth zu Saarbrücken. Während der 8 Tage seines dortigen
Aufenthalts wurde er fast von jedem der durchpassirenden Truppenärzte,
welche das Lazareth besuchten, sondirt und beglückwünscht, dass er so gut
durchgekommen sei. „Die Kugel sei knapp am Gelenke vorbeigegangen,
jedoch ohne dasselbe zu verletzen." — Am 18. August kam er nach Hannover auf meine Abtheilung im Schützenhause. — Ich fand bei der ersten
Untersuchung Folgendes:

Der blühende und ungemein kräftige Mann hatte eine Wundöffnung
1" weit unter der rechten Spina anter. super. ossis ilei auf dem Tensor
fasciae latae, die andere handbreit von der Mittellinie des Kreuzbeins auf
der rechten Hinterbacke. Aus beiden Wunden wird nur wenig, aber guter
Eiter entleert. Die Umgebungen der Wunden sind nicht geschwollen.
Das Hüftgelenk ist nicht geschwollen, schmerzlos und vollkommen frei
beweglich. Die Sonde trifft auf keinen Knochen. — Das Allgemeinbefinden ist vorzüglich. — Ich nahm demgemäss an, dass die Kugel zwischen
den Glutäen, dicht am Acetabulum vorbei, aber ohne das Gelenk zu verletzen, durchgeschlagen sei. — Ich liess ihn im Bette liegen und die Wunden
einfach verbinden (Carbolölcharpie). — In der Folge fühlte sich John so
wohl, dass er eines Tages gegen meinen Willen das Bett verlassen hatte,
und am Stocke umherging. Er drang wiederholt in mich, ihn zu entlassen.
Gleichwohl befahl ich ihm strengste Ruhelage im Bette an, da ich, durch
analoge Verletzungen an anderen Gelenken belehrt, immer befürchtete, es
möchte doch noch eine Entzündung der Gelenkshöhle hinzutreten. In der
That war meine Befürchtung nicht ungerechtfertigt. — Etwa vom 12. September ab nahm die Eiterung besonders aus der vorderen Wunde zu; es
stellten sich allmählich Schmerzen hinter dem Trochanter major ein, zugleich
erschien die Glutäalgegend ein Wenig infiltrirt. Schon wenige Tage später
bemerkte ich, dass sich eine „Contractur im Hüftgelenke" (resp. im Ileopsoas)
entwickelte. Auch die Gegend des Trochanter minor wurde jetzt schmerzhaft. — Da der Eiter guten Abfluss hatte, und nur ein mässiges Fieber
(Abends 38,3° C., Morgens 37,8° C.) bestand, so hoffte ich, die nach unserer
Vermuthung nur symptomatische Gelenksentzündung durch eine geeignete
Ruhelagerung des Gelenkes wieder beschwichtigen zu können. Ich chloroformirte daher den Patienten am 21. September und untersuchte ihn zu-

nächst genau. Nirgends fand ich Fluctuation; dagegen traf die Sonde auf
eine rauhe Knochenstelle, nach meinem Dafürhalten oberhalb des Pfannen-
randes. Das Bein wurde leicht gerade gestreckt und vom Fuss bis über
das Becken eingegypst. In den ersten Tagen danach befand sich Patient
entschieden besser. Die Schmerzen hatten nachgelassen, die Eiterung sich
vermindert; die Temperatur blieb dieselbe bis zum 25. September. Da
stieg sie auf 39,3⁰ C. Zugleich klagte John über stechende Schmerzen in
der Umgebung der hinteren (damals schon geschlossenen) Wunde. Da überdies der Verband an einer Stelle gebrochen war, so liess ich ihn sofort abnehmen und fand, dass die hintere Wunde sich wieder geöffnet hatte und
reichliche Mengen guten Eiters entleerte. Längs des N. inchiadicus war
eine undeutliche Fluctuation zu fühlen. — Das Bein bleibt gestreckt und
wird sofort in eine Bonnet'sche Drahthose gelegt, die Wunden mit Warmwassercompressen bedeckt. Da in der Folge die Schmerzen nachliessen,
der Eiter aus beiden Wunden ergiebigen Abfluss hatte, das Fieber wieder
sank, so stand ich von einer Incision ab. — Nach meinem Austritt aus dem
Lazarethe leitete Sanitätsrath Dr. Hüpeden die Behandlung in gleicher
Weise weiter. Da er aber mittlerweile ein grösseres necrotisches Knochenstück fühlen konnte, so erweiterte er am 4. November die vordere Wunde
(während der Chloroformnarkose), und entfernte das in der That dem
oberen äusseren Rande des Acetabulum angehörige Knochenstück. Zugleich sah er aber, dass das ganze Hüftgelenk total vereitert war,
verlängerte den Schnitt nach hinten und resecirte à coup den mit
schwammigen Granulationen bedeckten Gelenkkopf im
Schenkelhalse. — In derselben Sitzung wird das durch die lange Ruhelage etwas steifgewordene Kniegelenk durch eine forcirte Beugung wieder
beweglich gemacht. — Patient klagte nach der Operation nur über Schmerzen im Kniegelenke und erhält dagegen Morphiuminjectionen und Eisbeutel.
Die Resectionswunde eitert stark; das Fieber ist verschwunden. Mitte December begann die Operationswunde schon zu vernarben; gegen Ende December war eine Eitersenkung unter dem Vastus externus zu bekämpfen,
späterhin noch eine an der Aussenseite des Knies. Doch wurden diese,
sowie ein kleiner Decubitus am Kreuzbein von dem Patienten bald und gut
überwunden und schon Ende Januar konnte er das Bett verlassen. Mitte
Februar ging er an Krücken umher und hatte dabei nur im, noch etwas
geschwollenen, Kniegelenke Schmerzen zu klagen. — Seine volle Recon-
valescenz wartete er im Henriettenstifte ab. Ende März dieses Jahres ver-
liess er Hannover, vollkommen wohlauf und kräftig. Das Bein ist, nach
wiederholter genauer Messung des Herrn Medicinalrath Dr. Burghard,
nur um einen Zoll verkürzt. Er geht am Stocke ohne Schmerzen
umher und kann den Oberschenkel im Hüftgelenke schon ziemlich frei
bewegen.

Ein derartiger einzelner glücklicher Ausgang einer Hüftgelenks-
resection berechtigt uns allerdings noch nicht, zu kühne und en-
thusiastische Hoffnungen an diese Operation bei Schussverletzten zu
knüpfen; um so weniger als die Erfahrungen über dieselbe während der
letzten Kriege, besonders des amerikanischen Rebellionskrieges, höchst
traurige sind, andererseits aber in unserem Falle der unerwartet
günstige Erfolg unzweifelhaft zum grossen Theil durch die geringe
Ausdehnung der Verletzung motivirt ist. — Gleichwohl darf man
sich bei der Abwägung dieser Operation nicht ausschliesslich durch
die Zahlenergebnisse der Statistik leiten lassen. Im Gegentheil ist bei keiner Operationsstatistik eine genaue Kenntniss sowohl
der allgemeinen wie der localen Verhältnisse, unter denen operirt
wurde, als auch der Momente, welche die Nachbehandlung influirten,
in solchem Maasse nothwendig und wichtig, wie bei derjenigen der
Hüftgelenksresectionen (wie auch der entsprechenden Exarticulationen).

Nach der sehr sorgfältigen Zusammenstellung des Dr. G. Otis[*])
über alle Hüftgelenksresectionen, welche überhaupt bei Schussverletzungen bis zum August 1868 ausgeführt worden sind, ergiebt sich
die Mortalität zu $90{,}_6 \%$ (von 85 Resecirten starben 77, und nur
8 wurden geheilt). Ein solches Ergebniss könnte nun allerdings,
wie schon B. v. Langenbeck[**]) bemerkt, von jeder Operation im
Hüftgelenke abschrecken, zumal auch die Exarticulation gleich ungünstige Verhältnisse aufweist, nämlich eine Mortalität von 90 %.
Aber hier ist in der That die Statistik für die Operationswahl von
sehr untergeordneter Wichtigkeit; der Werth dieser Zahlenzusam-
menstellung ruht vielmehr nur darin, dass sie uns veranlasst, die
Momente aufzusuchen, welche in der Mehrzahl der Fälle den ungünstigen Ausgang herbeiführten! — Und diese sind wirklich nur in
der Minderzahl der operirten Fälle in der Ausdehnung und Schwere
der Verletzung gelegen, noch weniger in der Art der Operation, als
vielmehr in einer Anzahl äusserer, ungünstiger Einflüsse.
Diese sind so handgreiflich, dass sich jedem, der die Kranken-
richte der im amerikanischen Rebellionskriege im Hüftgelenke Resecirten studirt, sofort die Ueberzeugung aufdrängt, dass in der

---

*) G. Otis, A report on excisions of the head of the femur for gunshot
injury. Circul. 2. War department, Surgeon General's office, Washington,
Jan. 2. 1869.

**) B. v. Langenbeck's Rede: „Ueber die Schussfracturen der Gelenke
und ihre Behandlung." Berlin 1868. pag. 15. Seine Principien sind auch hier
maassgebend.

Mehrzahl der Fälle nur durch sie der Erfolg schon a priori zweifelhaft werden musste, ein Erfolg, der ohne sie höchst wahrscheinlich gut ausgefallen wäre.

So wurde von den 32 primär im Hüftgelenke Resecirten (cf. l. c. pag. 20 bis 33) die grössere Mehrzahl schon 2 bis 3 Stunden nach der Verletzung operirt, noch während des Shocks, — kein Wunder, wenn viele bald nach der Operation starben*)! Fast alle wurden, worüber mit Recht auch Otis klagt (pag. 125), am selben Tage, oder wenige nach der Operation mit schlecht fixirenden Verbänden, auf schlechten Wegen, oft „hundreds of miles" transportirt, oder wurden erst nach langen anstrengenden Transporten operirt! Oft mussten die Operirten ohne Pflege gelassen werden, erhielten nur mangelhafte Kost etc. Kurz**) es wird schon aus dem Angedeuteten begreiflich, dass unter solchen Verhältnissen die geeignetsten Fälle schlecht verlaufen mussten.

Wenn trotzdem von den 63 im amerikanischen Kriege im Hüftgelenke Resecirten 5 durchkamen, so ist das nur geeignet, die Resection noch mehr zu empfehlen. — Es unterliegt keinem Zweifel, dass die Hüftgelenksresectionen in dem Maasse günstigere Heilergebnisse erzielen werden, als man lernt, sowohl die Indicationen derselben genau zu präcisiren, wie auch die Nachbehandlung mit derselben, hier unzweifelhaft lobenswerthen, peinlichen Sorgfalt zu leiten, wie wir sie für alle übrigen Gelenksresectionen längst unumgänglich nothwendig erachten. „Rest and immobility of the limb are indispensable after primary (besser „all") excisions of the hip!"

Von den Operationsmethoden empfiehlt sich wegen ihrer Einfachheit und Zweckmässigkeit die von B. v. Langenbeck eingeführte, nämlich der subperiostalen Herauslösung der verletzten Theile von einem einzigen Längsschnitte an der hinteren äusseren Seite der Hüfte aus (cf. l. c. pag. 45).

Die Verletzungen des Oberschenkels, welche der überwiegenden Mehrzahl (64) nach die Weichtheile betrafen, während nur bei zweien gleichzeitig der Knochen gestreift war, forderten keine besonderen Verband-Vorrichtungen. Es wurde vielfach von Bonnet'schen Drahthosen Gebrauch gemacht, weniger weil die Verletzung sie indicirte, als weil sie reichlich vorhanden waren. — Nur

---

*) „the depression already existing from the injury was such, that the patient did not react." Fall 19, pag. 28.

**) Leider kann ich hier nicht näher auf das Detail dieses grossartigen Werks des Dr. Otis eingehen, behalte es mir aber für später vor.

einige Male kamen Phlegmonen unter der grossen Schenkelbinde und innerhalb der Muskelscheiden, noch seltener Senkungen des Eiters ebenda zur Beobachtung. Gleichwohl brauchten die Weichtheilschüsse des Oberschenkels im Ganzen sehr lange Zeit zur Heilung, was zum Theil wohl durch die Länge des Schusskanals, zum Theil durch den Reichthum an derben Fascien bedingt sein mag.

Fünf Male wurden steckengebliebene Kugeln im Verlaufe der Behandlung entfernt.

Die Bajonettstichwunden, deren drei am Oberschenkel vorkamen, waren alle nicht sehr tief, und heilten hier ebenso wie an andern Stellen fast per primam.

Von den beiden Knochenstreifschüssen betraf der eine den mittleren Theil der Diaphyse, der andere den unteren, nahe der Epiphyse. Letzterer war wegen seines Verlaufes besonders interessant.

Fall 33. Schuss durch den rechten Oberschenkel, oberhalb des Kniegelenks. Streifung des Knochens. Schwellung der Kniegelenksgegend. Heilung ohne Bewegungsbehinderung.

Ein Elsässer, 29 Jahre alt, hatte am 6. August bei Wörth einen Schuss dicht oberhalb des Knies durch den Oberschenkel erhalten. Bei seiner Ankunft auf meiner Abtheilung am 13. August fand ich, bei gestrecktem Knie, beiderseits etwa 7 Cm. oberhalb der Gelenkfläche des äusseren und inneren Condylus femoris je eine Schussöffnung, aus welchen wenig Eiter entleert wurde. Die Kniegelenksgegend war nur oberhalb und einwärts von der Patella stark geschwollen, kuglig hervorgetrieben. Ebenda fühlte Patient schon bei leichtem Druck Schmerz, ich deutliche Fluctuation. Zu beiden Seiten des Lig. patellae war k e i n e Hervortreibung wahrzunehmen, Druck auf diese Partieen der Gelenkkapsel machte k e i n en Schmerz. Die Patella ballotirte n i c h t. Das Kniegelenk war freibeweglich. — Ich liess das Bein auf ein Planum inclinatum duplex legen, die Wunden mit Carbolcharpie verbinden, das Kniegelenk mit Eisbeuteln umgeben. — Da aber Patient das Eis nicht vertragen konnte, so wurden schon nach einigen Tagen statt desselben Warmwassercompressen aufgelegt. — Anfangs bestand ein mässiges Fieber (Patient hatte ausserdem noch einen ziemlich langen Weichtheilschuss durch die linke Wade). Späterhin liess dasselbe nach, zugleich wurde aus beiden Wunden am rechten Knie reichlicher Eiter entleert. Schon am 1. September war das Knie schlank. Ende September wurden zwei kleine (1 Cm. lange) Knochensplitter entleert. Anfang October waren beide Wunden vernarbt, das Knie v o l l k o m m e n f r e i b e w e glich, dabei aber in mässigem Grade schmerzhaft. Gleichwohl musste Patient wegen der Schussverletzung seiner linken Wade noch längere Zeit das Bett hüten, so dass er erst Mitte December entlassen werden konnte.

In diesem Falle muss die Kugel der Richtung des Schusskanals nach u n t e r der Bursa synovialis cruralis dicht am Femur vorbeigeflogen sein, und zwar o h n e die Bursa (resp. die Gelenkhöhle) zu verletzen. Worauf die anfangs constatirte Flüssigkeitsansammlung oberhalb und einwärts von der Patella zu beziehen sei, war mir nicht ganz klar. Ich vermuthete, da ich einmal beim Palpiren der Geschwulst das Gefühl des „Schneeballenknirschens" hatte, dass sie wahrscheinlich durch einen Bluterguss bedingt sei.

Von den Schussverletzungen des K n i e s führten zwei, bei denen wahrscheinlich das Gelenk mit verletzt war, zur Heilung mit Anchylose in gestreckter Haltung. Beide kamen erst zwei Monate nach der Verletzung aus anderen Lazarethen nach Hannover auf das Schützenhaus.

Fall 34. Schussverletzung des rechten Knies. Heilung nach sechs Monaten mit Anchylose.

Ein 25jähriger deutscher Soldat hatte am 14. August bei Metz einen Schuss auf den Condylus internus tibiae des rechten Beines erhalten. Die Kugel blieb im Condylus stecken und wurde drei Wochen nach der Verletzung in Cöln $1/2''$ unter und einwärts von der Wunde durch eine Incision entfernt. Es entwickelten sich mehrere Eiteransammlungen um das Gelenk, welche wiederholte Incisionen nothwendig machten und weiterhin reichliche Eitermassen producirten. Das Kniegelenk selber war stark angeschwollen und schmerzhaft, die Condylen aufgetrieben. Patient kam am 27. September mit noch reichlich eiternden Wunden und geschwollenem Kniegelenke in sehr elendem Zustande hier an. Man legte das Bein in eine Heister'sche Lade und verband das Knie mit Warmwassercompressen. Bis zum Anfang des November schlossen sich die Wunden, während die Auftreibung des Kniegelenks blieb. Allmählich wird das Gelenk auf einer Schiene gestreckt, und schon Anfang Januar 1871 kann Patient mit einem das Kniegelenk fixirenden Verbande an Krücken umhergehen. Ende Februar wird er mit nahezu vollkommener Anchylose (in gestreckter Richtung) entlassen.

Bei diesem Patienten wurde höchst wahrscheinlich durch eine Fissur der Tibiaepiphyse eine Gelenkeiterung vermittelt, welche hier den glücklichen Ausgang in Anchylosirung nahm.

5*

Fall 35. Schussverletzung des rechten Kniegelenks. Heilung nach fünf Monaten mit Anchylose in gestreckter Richtung.

Patient, ein 24jähriger Gardegrenadier, wurde am 18. August bei Gravelotte gerade durch das Knie geschossen. Die Kugel drang neben dem inneren Rande der Patella ein und an der äusseren Fläche des Gelenkes neben der Bicepssehne wieder aus, wahrscheinlich o h n e die Knochen erheblich zu verletzen, da nie Splitter abgingen. — Als Patient am 5. November nach Hannover kam, lag das Bein im Gypsverband. Nach Abnahme desselben findet man die Wunden geschlossen, das Gelenk anchylosirt, die Musculatur atrophisch. Patient klagt nur über Schmerzen bei Witterungswechseln. — Gypsschale. — Mitte Januar 1871 konnte Patient schon ziemlich gut am Stocke gehen. Er wurde als Invalide entlassen.

Dergleichen Fälle sind immerhin nicht häufig, übrigens auch schon von E s m a r c h *), B. v. L a n g e n b e c k **) und Anderen berichtet worden. Ich habe sie aber besonders deshalb mit angeführt, weil sie einen weiteren Beleg für den Werth der besonders von B. v. L a n g e n b e c k hervorgehobenen c o n s e r v a t i v e n B e h a n d l u n g s o l c h e r K n i e s c h ü s s e o h n e a u s g e d e h n t e S p l i t t e r u n g e n liefern.

Bei den Schüssen durch den U n t e r s c h e n k e l u n d F u s s wurden besonders die ebenfalls in grosser Anzahl vorhandenen Heister'schen Beinladen in Anwendung gebracht, und scheinen mir dieselben für diese Verletzungen ganz besonders vortheilhaft zu sein. Sie sind dem Patienten bequem und gestatten dem Arzt leicht vollen Einblick in die Wunde und deren Umgebungen.

Auch am Unterschenkel beschränkte sich die Mehrzahl der Verletzungen auf die Weichtheile (41); bei 9 war gleichzeitig einer der beiden Unterschenkelknochen mehr weniger stark verletzt. Bei dieser Gruppe kamen sehr häufig Phlegmonen und Eiterretentionen in der Tiefe der Wadenmusculatur zur Behandlung, in Folge deren überdies auch die Heilungsdauer oft lange verzögert wurde. — Ueber einen mit Hospitalbrand complicirten Unterschenkelschuss mit beträchtlicher Zerstörung der Wadenmusculatur und schliesslicher Verkürzung der Achillessehne wird weiter unten berichtet werden.

Ein Schuss dicht über den Malleolen durch beide Unterschenkelknochen kam schon nahezu verheilt in meine Behandlung. Das Gelenk war vollkommen frei beweglich.

Die H e i l e r g e b n i s s e der Unterschenkelschüsse waren gut.

*) l. c. pag. 128.
**) l. c. pag. 37.

Von 50 derartig Verletzten wurden 40 vollkommen genesen, 10 unvollkommen genesen entlassen, d. h. der Mehrzahl nach mit noch nicht ganz verheilten Wunden nach anderen Lazarethen evacuirt.

Von den zwei **Fussgelenksschüssen**, welche wir hier beobachteten, führte der eine am 18. Tage nach der Verletzung zum Tode.

Fall 36. Schuss durch das linke Fussgelenk. Splitterextraction. Gelenksverjauchung. Pyaemie. Tod. Section.

Ein 33jähriger Chasseur à pied wurde am 6. August bei Wörth durch das linke Fussgelenk geschossen. Die Kugel war von der vorderen inneren Seite des unteren Tibiaendes schräg durch das Gelenk nach aussen gedrungen und an der äusseren Fersenseite ausgetreten. Schon bei Ankunft des Patienten im Schützenhause am 13. August entleerten die Wunden reichliche Mengen stinkender Jauche aus dem zerschmetterten Gelenke. Patient fieberte stark, klagte bei jeder Berührung über heftige Schmerzen. Am 20. August erscheint er icterisch (grün-gelb gefärbt), hat mehrmalige Schüttelfröste. Am folgenden Tage ebenso. Er klagt über Seitenstechen, athmet rasch und oberflächlich. Man hört leichtes Reiben und Rasselgeräusche in beiden Brusthälften. Unter allmählicher Steigerung dieser Erscheinungen tritt am 24. August der Tod ein. — Die Section ergiebt in den beiden Pleurahöhlen seröses Exsudat, frische Auflagerungen, in Lungen und Leber bohnengrosse Abscesse. — Das untere Gelenkende der Tibia ist total zerschmettert, ebenso der Talus und Calcaneus. Die Splitter sehen schwarzgrau aus, liegen in einer grossen Jauchehöhle. Die Venen an der inneren Seite des Unterschenkels strotzen von Eiter.

Der andere betraf eine Verletzung des Talus. Am 10. Tage nach der Verletzung wurde ein abgesprengtes Stück vom Taluskopf sammt der darin steckengebliebenen Kugel durch eine Incisionswunde entfernt. Gleichwohl machten verzweigte periarticuläre Abscesse und Vereiterung aller Fusswurzelgelenke späterhin (am 33. Tage nach der Verletzung) noch eine **Amputation** des Unterschenkels nothwendig, durch welche dem Patienten in der That das Leben erhalten wurde.

Fall 37. Schuss in den Talus. Extraction des Taluskopfes sammt der Kugel. Vereiterung des Fussgelenkes. Amputatio cruris. Heilung.

Ein 28jähriger deutscher Soldat erhielt am 14. August bei Metz, während er auf dem Rückmarsch war, einen Schuss in die Ferse. Die Kugel schlug bis in den Taluskopf, brach diesen ab und blieb mit diesem zwischen Talusfragmenten eingekeilt dicht unter der Haut des Fussgelenkes liegen.

Gleich nach der Schlacht hatte man auf diese vorgewölbte Hautpartie eingeschnitten, ohne jedoch die Kugel zu entfernen. — Hier entdeckte man dieselbe hinter dem abgesprengten Stücke vom Taluskopf und extrahirte sie mit diesem und einigen kleinen Knochensplittern. — Vom 24. August ab entwickelte sich starkes Fieber; die Eiterung wird sehr profus; einige periarticuläre Abscesse werden eröffnet. Da die Kräfte des Patienten von Tag zu Tag mehr abnehmen, überdies die gesammten Tarsalgelenke vereitert sind, so wird am 16. September der Unterschenkel im mittleren Drittheil amputirt (nach Lenoir). — Die Section des Fusses ergab, dass auch das Fussgelenk vereitert war, ebenso das Talo-Naviculargelenk, das Calcaneo-Cuboidealgelenk. Der Calcaneus war an der Innenseite gestreift, der Talus zertrümmert. — Das Befinden des Patienten besserte sich nach der Operation. Die Heilung ging bis Mitte November gut von Statten. Da bedeckte sich die Wunde mehrfach mit „diphtheritischen" Massen, — reinigte sich aber nach wenigen Tagen wieder und vernarbte. Nachdem sich noch ein kleines, später ein grösseres necrotisches Stück von der Sägefläche abgestossen hatte, verheilte alles gut. Patient wurde im Frühjahr entlassen.

Für die Schussverletzungen der Fusswurzelknochen gilt im Ganzen das schon gelegentlich der Handwurzelverletzungen Gesagte.

Zweimal wurden einzelne verletzte Tarsalknochen herausgeschnitten, so einmal von mir das Os naviculare am 29. Tage nach der Verletzung, einmal von Sanitätsrath Dr. Hüpeden das Os cuboideum nebst der Tuberositas ossis metatarsi V. am 23. Tage nach der Verletzung. In beiden Fällen war der Erfolg nicht schlecht, in meinem Falle ein ganz vorzüglicher, ohne irgend welche Läsion, weder der Form noch der Function des betreffenden Fusses.

Fall 38. Schuss durch die Fusswurzelknochen des rechten Fusses. Resectio sive Excisio ossis navicularis. Vollständige Heilung.

Ein deutscher Sergeant, 26 Jahre alt, erhielt bei Metz am 16. August einen Schuss durch den Fuss. Die Kugel war von der Planta nach dem Fussrücken schräg durch das os naviculare gegangen. — Anfangs waren Local- und Allgemein-Erscheinungen gering, später stellten sich heftige Schmerzen und Schwellung des Fusses ein, zugleich mit einem mässigen Fieber. — Um den Demarkirungsprozess abzukürzen und ausgedehnteren Eiterungen der Fusswurzel vorzubeugen, wurde am 14. September das durchfurchte Kahnbein subperiostal herausgeschält und zugleich eine kleine Partie vom Taluskopf abgekniept.

Ich machte diese Operation von einem einfachen, etwa 2″ langen Längsschnitte aus, welcher längs des inneren Fussrandes verlief und nach

der Operation in einem Winkel wieder vernäht wurde. — Gleichzeitig er-
öffnete ich eine Eiteransammlung auf dem Fussrücken. Später entwickelte
sich noch längs der hinteren Tibialissehne eine Sehnenscheidenentzündung.
Nach Bekämpfung letzterer besserte sich das Befinden des Patienten. Die
Wunden secernirten guten Eiter. Endlich, als die Resectionswunde sich
schon geschlossen hatte, waren noch zwei Male Eitersenkungen unter der
Planta zu eröffnen. Mitte November konnte Patient mit Krücken umhergehen. — Ende Juli dieses Jahres stellte sich Patient, aus Wiesbaden zu-
rückgekehrt, mir wieder vor. Der Fuss ist vollkommen wohlgebildet,
hat die normale Wölbung und Elasticität. Das Kahnbein ist
vollständig durch Knochenneubildung restituirt, die längliche Schnittnarbe
ist nicht gewulstet, nicht eingezogen, vollkommen schmerzlos. Alle In-
cisionsstellen sind durch seichte, verschiebbare Narben markirt. Patient
geht so gut und kräftig, dass er meinte, es wagen zu können, einen
Posten als Grenzaufseher zu übernehmen!*)

Der andere Fall war folgender:

*Fall 39.   Schuss durch die Fusswurzelknochen.   Resectio ossis cuboid.
et tuberos. ossis metatarsi V.   Hospitalbrand.   Heilung.   Pes planum.*

Ein Soldat des 3. Garde-Regiments zu Fuss, 28 Jahre alt, erhielt bei
Ste. Marie am 18. August einen Schuss in den linken Fuss, gerade auf die
Tuberosität des 5. Metatarsusknochens. Die Kugel war unter der Haut zu
fühlen und wurde am Tage nach seiner Ankunft (25. August) mit einer
Kornzange entfernt. Danach Eisbeutel. Gegen Ende August bis in die
ersten Tage des September waren wiederholt Incisionen zur Entleerung von
Eiteransammlungen am Fussrücken nothwendig. Das Os cuboideum und
die Basis des 5. Metatarsus sind entblösst, rauh, crepitiren. Deshalb resecirte Sanitätsrath Hüpeden am 10. September, von einem 3½″ langen Längsschnitte an der Aussenseite des Fusses aus, die Basis des 5. Metatarsus
hinter der Tuberosität und entfernte, nachdem er zum ersten Längsschnitte
noch einen kleinen darauf senkrechten Querschnitt hinzugefügt hatte, auch
das gleichfalls zerschossene Würfelbein. — Das Aussehen der Wunden wie
auch das Allgemeinbefinden des Patienten blieb bis zum 1. November gut.
Da bekam er Hospitalbrand. Die Wunden vergrösserten sich sehr bedeutend, Patient fieberte stark. Nachdem die Wunde wiederholt mit Salpetersäure geätzt worden war, reinigte sie sich binnen 14 Tagen und begann von

---

*) Herr Generalstabsarzt Dr. Stromeyer, dessen Bekanntschaft zu machen
ich erst kürzlich die Ehre hatte, hat sich persönlich von dem glücklichen
Resultate dieser Resection überzeugen können. Auch er constatirte die vollkommene Herstellung sowohl der normalen Form, wie der normalen Beweglichkeit und Functionsfähigkeit aller Fusswurzelgelenke.

da ab rasch zu verheilen. Es blieb eine grosse Narbe; und schliesslich
erschien der ganze Fuss „platt zusammengesunken." Das Gehen ist möglich,
aber schmerzhaft; Patient tritt mit der Ferse auf. — So wird er entlassen.

Die Tarsalknochen sind, abgesehen vom Calcaneus und Talus,
wegen Schussverletzungen nur sehr selten resecirt worden, da allerdings auch nicht so oft wie an anderen Stellen eine directe Nöthigung zur Resection vorliegt. — Fälle, wie die beschriebenen, mögen
aber, wenn sie auch natürlich nicht ausreichen, um den Werth dieser
Operationen zu bestimmen, gleichwohl zur weiteren Wiederholung
aufmuntern. — Der zweite Fall (Nr. 39) hätte höchst wahrscheinlich
ein dem ersten ähnliches, gutes Resultat gegeben, wenn nicht die
Wunden durch Hospitalbrand in ausgedehntem Maasse zerstört worden wären. — Auch die Heilungsdauer wurde durch die genannte
Operation bei den betreffenden Fusswurzelschüssen wesentlich abgekürzt. Bei der Mehrzahl der übrigen exspectativ behandelten Fälle
dauerte der Eliminationsprozess bedeutend länger, und war auch
das Gehen erst weit später möglich. Die Narben blieben schmerzhaft, aufgetrieben etc.

Bei zwei Franzosen konnte man die oft so ungemein verschiedene Prognose einer und derselben Schussverletzung sehr schön studiren.

Beide erhielten genau an der nämlichen Stelle einen Schuss
quer durch die Planta unter dem Calcaneus. Bei Beiden war der
Knochen nur eben gestreift. Gleichwohl war bei dem einen schon
am 7. Tage nach der Verletzung die ganze Fussgelenksgegend stark
geschwollen und schmerzhaft. Es entwickelten sich eine Anzahl
periarticuläre Abscesse. Fieber und Schmerzen nahmen in solchem
Grade zu, dass man mehrmals nahe daran war, den Fuss zu amputiren. Es waren eine Menge Incisionen nöthig, wurden öfter
kleine Splitter vom Calcaneus entfernt. — Allmählich liess die Eiterung nach, aber es blieb eine starke periarticuläre Auftreibung um
die Malleolen zurück, welche nur sehr geringe Bewegungen im Fussgelenke erlaubte.

Im anderen Falle blieben die entzündlichen Erscheinungen nur
auf die getroffene Stelle beschränkt. Nachdem sich hier einzelne
kleine Splitter abgestossen hatten und später ein Fetzen Zeug entfernt worden war, verheilten die Wunden rasch, ohne irgend welche
Störung zu hinterlassen.

Wahrscheinlich war im ersten Falle der Calcaneus bei einer
solchen Stellung des Fusses gestreift, dass sich die Erschütterung
der Kugel direct auf die darüber liegenden Knochenpartien fort

pflanzen konnte. Vielleicht gingen auch Fissuren von der verletzten Stelle aus.

Haarseilschüsse unter der Planta weg ohne Knochenverletzungen wurden mehrfach beobachtet. Meist heilten sie rasch, wenn auch, wegen des Schmerzes beim Druck auf die Narben, nicht sobald und gut das Gehen möglich war. — Nur bei zwei sah ich eine eigenthümliche Umwandlung der Wunden in „Geschwüre". — Der Grund der Wunden vertiefte sich kraterförmig, zeigte gelbverfärbte, atonische Granulationen, die Ränder wurden unterminirt, gewulstet, bedeckten sich mit weisser, macerirt abbröckelnder, verdickter Epidermis. Diese Geschwüre vertieften sich allmählich, blieben aber im Uebrigen lange vollständig atonisch in dieser Weise bestehen. Erst nach wiederholtem Abtragen der Epidermis und gründlicher Aetzung des Grundes entwickelten sich gute Granulationen und benarbte sich schliesslich das Ganze.

Zu einer Schussfractur des ersten und zweiten Metatarsophalangealgelenkes trat am 2. Tage nach Ankunft des Patienten (am 9. Tage nach der Verletzung) Tetanus hinzu, dem nach 2 Tagen der Patient erlag*).

Fall 40. *Schussverletzung des ersten und zweiten Metatarsophalangealgelenks des linken Fusses. Tetanus. Tod. Section.*

Ein 23jähriger Zouave erhielt am 6. August bei Wörth einen Schuss durch den linken Fuss. Das erste und zweite Metatarsophalangealgelenk war zerschmettert, die entsprechenden Metatarsusknochen auf eine Strecke weit zersplittert. Die Wunden sondern guten Eiter ab. Am 15. August klagt Patient über intensive Kopfschmerzen, fiebert auch in mässigem Grade. Er erhält einen Eisbeutel auf den Kopf. Gegen Mittag des 16. August bemerkt man wiederholt leichte krampfhafte Muskelcontractionen im Gesicht und am Bauche. Letzterer ist schmerzhaft. Dabei schwitzt Patient sehr stark, das Fieber steigt, Puls sehr frequent. Weiterhin nimmt der Trismus zu; Patient kann nur mit Mühe Flüssigkeiten schlucken. Er erhält 2stündlich 10 Tropfen Tinct. Opii simpl. Anfangs scheint dies etwas Erleichterung zu verschaffen; später jedoch treten die Zuckungen wieder auf, häufen sich; es entwickeln sich vollständige tetanische Krämpfe, die in immer kürzeren Pausen wiederkehren, bis endlich am 18. August früh 4 Uhr der Tod erfolgt. — Bei der Section findet man die Knochen, wie oben angegeben, zerschossen, die Weichtheile stark zertrümmert, die Fäden des N. plantaris internus zerfetzt; der Stamm desselben, wie der N. tibialis posticus ist bis über die Knöchel hinauf stark hyperämisch, stellen-

---

*) Patient lag in einer der grossen Schiesshallen des Schützenhauses.

weis mit kleinen Hämorrhagien in seiner Scheide besetzt. — In den übrigen Organen findet man nichts Abnormes. — Auffallend war noch die auch hier constatirte postmortale Temperatursteigerung. Noch am Tage nach dem Tode fühlte sich die Leiche lebenswarm an.

Man wird diesen Bemerkungen hoffentlich nicht den Vorwurf zu grosser Breite machen. — Da meine Statistik um so weniger auf Vollkommenheit Anspruch machen kann, als sie nur eine kleine Summe von Schussverletzungen umfasst und mancher Categorie wichtiger Schussverletzungen geradezu ganz entbehrt, so habe ich geglaubt, diese Mängel durch eine um so ausführlichere Casuistik abschwächen zu müssen. Gewinnt doch, wenigstens meiner Ansicht nach, überhaupt jede Statistik erst an Interesse und wahrem Werthe, wenn sie durch eine sorgfältige Casuistik illustrirt wird.

V.

Beiträge zum Wundheilungsprocess der Schusswunden.

Da es mir die Verhältnisse gestatteten, meine volle Zeit der Lazareththätigkeit zu widmen, so habe ich schon während derselben genaue Notizen über alle Einzelheiten des Heilungsvorganges bei den verschiedenen Schussverletzungen gesammelt und sorgfältig bearbeitet, nachträglich aber auch jetzt noch wiederholt die damals gesammelten Präparate mikroskopisch studirt. Die Ergebnisse dieser Studien, deren Materialien dem Leser aus dem vorher Mitgetheilten nun schon zum grossen Theil bekannt sind, werden den Inhalt der folgenden Zeilen bilden. Einen Anspruch auf Vollständigkeit aber wollen und können besonders die mikroskopischen Studien schon deshalb nicht machen, weil sie nur an einer verhältnissmässig kleinen Anzahl von Präparaten*) gesammelt werden konnten.

Schusswunden sind, wie allgemein bekannt, zum Theil Riss-, zum Theil Quetschwunden und haben im Ganzen einen diesen ähnlichen Verlauf. Gleichwohl werden schon durch die Natur des Traumas selber eine Reihe von Besonderheiten geschaffen, welche bei ihnen den Heilungsverlauf derartig compliciren, dass eine spe-

---

*) Einige derselben habe ich aus anderen hiesigen Lazarethen erhalten.

cielle Behandlung dieses Themas seine volle Berechtigung hat, ja eine allgemein anerkannte Nothwendigkeit ist. Man kann sogar mit Fug und Recht sagen, dass die Schusswunden die Hauptgruppe, die prägnantesten und vielgestaltigsten Typen der Quetschwunden überhaupt repräsentiren. Man kann an ihnen alle Grade von Quetschungen studiren, von einer einfachen Hautabschürfung an bis zu den ausgedehntesten Zerschmetterungen ganzer Glieder. Es giebt wohl keine noch so eigenartige, keine noch so fürchterliche durch die Maschinen unserer Zeit bewirkte Quetsch- oder Risswunde, die nicht ebenso auch durch die verschiedenen Geschosse unserer Waffen erzeugt werden könnte. Letztere haben aber vor jenen noch das voraus, dass dabei die traumatische Localeinwirkung eine weit concentrirtere ist, dass aber gleichwohl die Erschütterung sich von der verletzten Stelle aus in weit grösserer Ausdehnung fortpflanzt, dass sie ferner in der Regel mit Fremdkörpern complicirt sind, dass gerade wegen der Folgeerscheinungen dieser beiden Besonderheiten das Leben mehr gefährdet wird, als durch analoge Quetschwunden anderen Ursprungs. — Daher sollte man eigentlich das Studium Quetschwunden mit dem Studium Schusswunden beginnen! [*])

1. Schusswunden der Haut und des subcutanen Zellgewebes.

Unter dieser Rubrik, der ersten Columne meiner Tabellen, begreife ich die Streifschüsse der Haut, die grossen Risswunden der Haut durch Granatsplitter, obwohl von diesen einige auch zugleich die unterliegenden Weichtheile betrafen, endlich noch die sogenannten Haarseilschüsse.

In einer Reihe von Fällen, wo eine Kugel die Haut matt getroffen, oder nur eben oberflächlich gestreift hatte, trocknete die gequetschte Hautpartie zu einer grau- oder schwarz-braunen, fest anhaftenden Platte ein. Die gequetschte Hautschicht wird necrotisch, mumificirt, da die etwa noch vom unterliegenden Corium diffundirende Flüssigkeit auf der Oberfläche der Haut rasch verdunstet. — Solche Mumificationsschorfe stiessen sich (wenn sie nicht über das rete Malp. hinausreichten), sich selber überlassen, oft erst nach Wochen, wie Borken, ohne irgend welche Secretion trocken

---

[*]) Ausgezeichnete, ausführliche Darstellungen über sie besitzen wir besonders in den bekannten Werken von Stromeyer (Maximen der Kriegsheilkunde), Esmarch, Fischer (Verletzungen durch Kriegswaffen. Pitha-Billroth's Handb. I. 3), neuerdings in den „Chirurg. Briefen" von Billroth (Berl. klin. Wochenschrift, Frühjahrsnummern vom Jahre 1871); auf sie verweise ich. Zu den Studien dieser Männer bringe ich nur kleine Beiträge.

ab, worauf dann die Epidermis sich noch einige Tage in dünnen Schüppchen abblätterte. — Andere, welche auch auf das corpus papillare übergriffen, sah ich nur durch eine demarkirende Eiterung sich losstossen. Etwa eine Woche nach der Verletzung trat, meist unter bedeutenden „ziehenden" Schmerzen im Umkreis der mumificirten Partie leichte Schwellung und Röthung auf. Dann bemerkte man an der inneren Grenze des rothen Hofes einen weissgelben (Eiter-) Saum, eine wirkliche Demarkationslinie, von welcher aus durch central fortschreitende Eiterung der Schorf abgehoben wurde, so dass schliesslich eine mässig vertiefte Granulationsfläche frei wurde. Diese heilte dann wie andere vom Rande her, gewöhnlich mit Hinterlassung einer mehr oder minder vertieften, weissen, dünnbehäuteten Narbe.

Durch G r a n a t s p l i t t e r verursachte Hautrisswunden heilten im Ganzen meist rascher, als man es ihrer Ausdehnung nach erwartete *). Diese grossen Wunden mit ihren unregelmässig zerfetzten, theilweis mortificirten Rändern, ihrem mit schwarzbraunen, oder -grünen breiigen Massen bedeckten, buchtigen Grunde reinigten sich auffallend rasch und liessen dann unter einer anfänglich oft sehr profusen Eiterung schöne Granulationen vorsprossen, welche häufig zu excessiven, pilzartigen Wucherungen tendiren. Doch ist dies nicht etwa besonders charakteristisch für die Granatrisswunden, sondern ebenso allen Wunden eigen, welche, wie jene, einen mehr weniger gequetschten, unebenen Grund haben, in dessen Buchten leicht faulende Partikel zurückgehalten werden, welche einen sehr starken Reiz auf das Granulationsgewebe ausüben.

Die Benarbung geht hier in der Regel rasch von Statten, falls nicht locale ungünstige Verhältnisse störend auf dieselbe einwirken. — So brauchte eine solche Wunde von der Grösse einer halben Hand auf der Innenseite der Wade fast vier Monate bis zur vollständigen Heilung, weil die Eiterung durch die Reizung beim Gehen, welches Patient trotz meines Verbotes immer wieder versuchte, fortwährend unterhalten wurde. Eine andere derartige Risswunde von $1\frac{1}{2}'$ Länge und $3\frac{1}{2}''$, resp. $4''$ Breite auf dem linken Latissimus dorsi (bei einem am 4. August verletzten Franzosen) heilte nach 6 Monaten erst, als der ganze Arm durch einen festen Verband am Thorax unbeweglich fixirt wurde. In diesem und zwei anderen ähnlichen Fällen riss die zarte Narbe bei den unbedeutendsten Bewegungen wiederholt auf, oder zerfiel in Folge ungenügender Er-

---

*) Wie schon von Andern so wird dies neuerdings auch von R u p p r e c h t (l. c. pag. 41) constatirt.

nährung, vielleicht in Folge zu grosser Spannung, ganz, wurde necrotisch, so dass nach der Abstossung tief ausgebuchtete Defecte blieben, welche erst sehr allmählich wieder durch Granulationen ausgefüllt wurden.

Auffallend war mir bei einigen Granatrisswunden die bedeutende Attraction der Haut nach der Wunde zu. So war die eben erwähnte grosse Wundfläche schliesslich zu einem schmalen Narbenbande von $3/4'$ Länge und $1''$ Breite zusammengeschrumpft; eine andere auf der Ellenbeuge eines (bei Wörth verwundeten) Franzosen von der Grösse einer Handfläche hinterliess eine nur zehngroschenstückgrosse Narbe. Trotz dieser Ueberhäutungstendenz, welche durch geeignete Verbände passend unterstützt werden kann, mag es immerhin Fälle geben, wo eine Hauttransplantation nothwendig wird. Jedenfalls wird dadurch die Heilungsdauer wesentlich abgekürzt *).

Bedeutende Functionsstörungen in Folge einer consecutiven Narbenzusammenziehung habe ich bei solchen Granatrisswunden nicht beobachtet. Ueberall wo dergleichen zu befürchten war, suchte ich es zeitig durch geeignete Verbände, später durch Gymnastik, Bäder etc. zu verhüten. — Den Bädern wie auch den hydropathischen Einwicklungen kann ein günstiger Einfluss auf die „Lösung" der Narben nicht abgesprochen werden, eine Thatsache, für welche ich keine ausreichende Erklärung habe. Bei den gymnastischen Uebungen wirken wahrscheinlich die unter der Narbe liegenden Muskeln bei ihren Contractionen mechanisch reizend auf das Narbengewebe ein. Dieses wandelt sich dabei in ein mehr lockeres Zellgewebe, zuweilen in eine Art Schleimgewebe um **).

Bei den Schusswunden des Unterhautzellgewebes, den sogen. „Haarseilschüssen", ist der Wundheilungsprocess ein ganz ähnlicher; nur wachsen hier nach vollendeter Reinigung die Granulationen zusammen, gewöhnlich von der Mitte nach beiden Oeffnungen hin. Man fühlt anfangs einen Narbenstrang, der in der Folge meist wieder schwindet. — Haarseilschusswunden wurden bei uns an fast allen Körperstellen beobachtet, am häufigsten am Thorax, einige

---

*) Dies wäre auch ein Feld für die neuerdings wieder mehrfach angeregten Pfropfungen von Epidermis. cfr. Berl. klin. Wochenschrift 1871. Nr. 8. 10 u. 11.

**) So mag wohl auch die oft genug in der Civilpraxis beobachtete spontane Lockerung der Narben zu erklären sein. — Auch die subcutanen Schleimbeutel, wie man sie an manchen Körperstellen bei Lastträgern, Arbeitern etc. sich entwickeln sieht, verdanken wohl ähnlichen mechanischen Reizungen des subcutanen Bindegewebes zunächst ihre Entstehung.

Male von bedeutender Länge. — Bei kürzeren Haarseilschüssen eiterte die Haut zuweilen zwischen beiden Oeffnungen durch. Es machte den Eindruck als schmelze die Hautbrücke zu Eiter. Wahrscheinlich waren hier durch die ursprüngliche Läsion oder in Folge nachheriger mangelhafter Ernährung moleculäre Störungen im Hautgewebe gesetzt, welche nicht mehr ad normam zurückgeführt werden konnten. So prädisponirt verfiel die Hautbrücke bei der entzündlichen Infiltration der allgemeinen Vereiterung.

Die Heilungsdauer wurde oft durch zurückgebliebene Fremdkörper (Bleistücken, Knöpfe, Zeugfetzen etc.) verzögert, oft auch durch Eiterretentionen und -senkungen. Wiederaufbruch schon vernarbter Schusskanäle wurde öfter gesehen. Gewöhnlich war der eiterige Zerfall durch eingeschlossene Fremdkörper eingeleitet, was hier um so leichter möglich ist, als das junge Narbengewebe ein immerhin noch sehr fragiles, empfindliches Gewebe ist. — Dass übrigens nicht jeder eingeschlossene Fremdkörper Eiterung verursacht, ist hinlänglich bekannt. Wahrscheinlich gehören dazu gewisse Vorbedingungen, wie die Imprägnirung mit chemisch-reizenden Stoffen, der Druck auf die Umgebungen, der mechanische Reiz bei Bewegungen des Gliedes etc.

2. Schusswunden der Weichtheile.

Bei den Weichtheilschusswunden sind ausser Haut und subcutanem Zellgewebe auch Fascien, Muskel, Sehnen, Nerven, Gefässe verletzt, ebenfalls theils gerissen, theils gequetscht, zertrümmert, und zwar sehr selten in so geringem Grade, dass die Gewebe gleichsam wie mit einem Locheisen herausgeschlagen erscheinen. Gewöhnlich sind sie auch in weiterem Umkreise der Wunde gedehnt und gezerrt, wegen der verschiedenen Resistenz der durchbohrten Gewebe in verschiedenen Abständen 'zerrissen. Bisweilen erscheint der Kanal durch intermuskuläre Ablenkungen der Kugel gekrümmt, buchtig; oder es wurde später durch veränderte Haltung des verletzten Theiles in der Ruhe die Richtungslinie des Kanals verschiedenartig winklig verschoben. — Eben deshalb findet man Blutaustritte nicht bloss auf die nächstliegenden Gewebe beschränkt, sondern auch in weiterem Umkreise inmitten des lockeren ausfüllenden Zellgewebes.

Am 4. resp. 6. Tage nach der Verletzung (früher habe ich in diesem Feldzuge nur wenig Schussverletzungen gesehen, wohl aber 1866) findet man die Wundumgebungen geschwollen, ödematös, blassroth. Sie fühlen sich heiss und gespannt an, sind schmerzhaft.

Untersucht man die Wunde mit dem Finger — wozu, wie zum Sondiren überhaupt, in diesem Stadium sicher nur äusserst selten eine directe Nöthigung vorliegt —, so fühlt sich der Schusskanal derber an; der Finger wird förmlich eingeklemmt von den prall gespannten Geweben. — Die Secretion der Wunde ist anfangs spärlich, dünn, serös.

Es entwickelt sich nämlich theils in Folge einer thrombosirenden Verschliessung der zerrissenen Gefässe, zum grösseren Theile in Folge des mächtigen Entzündungsreizes, welchen die Gewebe durch die traumatische Einwirkung erfahren, eine sehr lebhafte Exsudation von weissen Blutkörperchen und seröser Flüssigkeit in die verletzten Gewebe, während die umgebenden Partien hyperämisch werden. Wahrscheinlich schon sehr bald nach der Verletzung erfahren die Gewebe um den Schusskanal, besonders längs der Gefässe und da, wo sie mit ergossenem Blute durchtränkt sind, eine Verflüssigung ihrer Constituenten, wodurch natürlich dann eine Einwanderung der entzündlichen Zellenelemente wesentlich erleichtert, oder wohl überhaupt erst ermöglicht wird.

Betrachtet man die Gewebe einer Schusswunde aus dieser Periode zunächst makroskopisch, so sieht man auf einem Durchschnitte Folgendes:

Die Wandungen des Kanals sind mit braun-rothen oder schwarz-grauen fetzigen Massen ausgekleidet, welche nur wenig dünne Flüssigkeit absondern, eher „trocken" erscheinen. Diese necrotischen durch theils zersetzten, theils unzersetzten Blutfarbstoff verschieden gefärbten Massen grenzen sich saumartig von dem übrigen Gewebe ab. Letzteres selber hat eine blassrothe, auch grau-gelbliche Farbe, ein fast gallertiges Aussehen, hier und da dunklere schmutzig-rothe Flecken. Es lässt eine dünne, collostrum-ähnliche Flüssigkeit auf der freien Schnittfläche ausfliessen, noch mehr ausdrücken. Weiterhin geht diese „gallertige", nahezu homogene Schicht allmäblich in die normale Farbe und Consistenz der anliegenden Gewebe über*).

Dem bewaffneten Auge bieten sich an feinen Schnitten durch diese eben geschilderten Theile folgende Bilder dar**):

Die äusserste dem Kanale zugewandte Partie besteht aus einem körnigen Detritus, Fetttröpfchen, Eiterkörperchen und einzelnen noch mehr weniger in ihrer Structur erhaltenen Gewebsconstituenten (elastischen und Bindegewebs-

---

*) Am Lebenden sind alle diese Theile derber infiltrirt und stärker injicirt.
**) Ich habe feine Schnitte nur von in Chromsäurelösung (2:100) gehärteten Präparaten untersucht.

fasern, zerfallenen Muskelfibrillen etc.), stellenweise auch aus Klumpen von Blutzellen. Die ganze „Necrosenzone" grenzt sich nicht so scharf von dem anliegenden Gewebe ab, wie es makroskopisch den Anschein hat, senkt sich überdies zuweilen, gleichsam wie mit Wurzeln, zwischen die mit lymphkörperartigen*) Zellen dicht infiltrirten Gewebstheile herein. Diese letzteren stellen eine nahezu homogene Masse von gallertigem Habitus dar, in welcher eine eigentliche Structur nicht zu erkennen ist. Es ist eine feinkörnige Masse nach gewissen Richtungslinien, meist in Wirbeln oder Bogen angeordnet. Nur hier und dort tritt eine deutliche Faser hervor. Sie bildet übrigens, wie schon angedeutet, keine scharf abgegrenzte Lage, sondern reicht stellenweis noch in die necrotischen Massen herein, wie sie auch nach den normalen Geweben zu verschieden tief eindringt, nämlich besonders längs der Gefässe. Sie ist in der That, wie man sich an sehr feinen Schnitten und starken Vergrösserungen überzeugen kann, aus den vorhandenen Geweben hervorgegangen. Die Bindegewebsfibrillen lockern sich, weichen auseinander, werden zugleich leichtwellig, körnig, durchsichtig. Die eigentlichen Bindegewebszellen werden breiter, die Kerne theilen sich und liegen schliesslich entweder noch in Reihen oder lose in dieser „gallertigen" Masse. Einzelne derbere, besonders elastische Fasern erhalten sich. Inmitten dieser durchsichtigen Masse sieht man lymphkörperartige Zellen, noch reichlicher aber nahe der Necrosenzone und längs der Gefässe, denen die durchsichtige, gallertige Masse, also das entzündlich erweichte Gewebe, noch eine ganze Strecke weit in die normalen Gewebe hinein folgt. Wahrscheinlich geht überhaupt die entzündliche Umwandlung der Gewebe zunächst von dem in der Umgebung der verletzten Gefässe liegenden lockeren Zellgewebe aus. Es wandern Massen weisser Blutkörperchen aus und mengen sich mit den entzündlich gewucherten Elementen der vorhandenen Gewebe. Einzelne Depôts von solchen Zellen neuer Bildung findet man oft um kleine disseminirte Blutaustritte, oft aber auch ohne solche innerhalb der Lücken benachbarter normaler Gewebe (vielleicht in Folge der erwähnten Dehnungen und Zerrungen veranlasste Wucherung und Einwanderung?). Starke Zelleninfiltration findet man auch sehr frühe schon in dem lockeren Fettzellgewebe. Die Kerne der Fettzellen scheinen sich ebenfalls zu vermehren, während das Fett theils „körnig" zerfällt und frei austritt, theils ohne Weiteres schwindet. In demselben Maasse aber, als das Fett schwindet, füllt sich die Fettzelle mehr und mehr mit Zellen neuer Bildung; und so erscheinen, indem nämlich zu gleicher Zeit die

---

*) Ich habe den älteren Ausdruck beibehalten, weil er bezeichnend genug ist und übrigens auch diese zellige Infiltration nicht ausschliesslich aus „weissen Blutkörperchen" zu bestehen scheint. Cfr. auch Virchow, Cellularpathologie. 4. Aufl. Berlin 1871, und S. Stricker, Studien aus dem Instit. für experim. Pathol. etc. Wien 1869 und 1870.

interstitiellen Bindegewebselemente der Fettträubchen wuchern, schliesslich ganze Ballen, Nester von Zellenanhäufungen an Stelle und von der Grösse der früheren Fettzellen. Die Zwischensubstanz wird auch hier sehr rasch in eine fein granulirte, durchsichtige Masse verwandelt. — Ueberhaupt scheint, je weitmaschiger und weicher das vorhandene Gewebe ist, um so rascher der „Auflösungsprozess" vor sich zu gehen. — Die Gefässe sieht man besonders hinter der Necrosenzone thrombosirt, um den Thrombus herum reichliche Zellenlager neuer Bildung*).

Bei starken Vergrösserungen lässt sich zuweilen schon zu dieser Zeit ein plasmatisches Intercellulargangwerk erkennen. Es gehen, wie es Thiersch**) evident nachgewiesen hat, von den verletzten Gefässen aus feine Kanäle zwischen die Zellen der entzündlich erweichten Gewebe und vermitteln so einen Saftstrom, der, wie ich sofort zeigen werde, die spätere Blutcirculation in diesen Theilen einleitet. — Dieses entwickelt sich in den lockeren, also auch rascher und vollständiger entzündlich erweichten Geweben früher, als in solchen, welche aus derberen Elementen zusammengesetzt sind.

Auch die Haut zeigt zu dieser Zeit schon mancherlei interessante Veränderungen. Betrachtet man dieselbe von der Peripherie her nach der durchschossenen Partie hin, so gewahrt man, wie ganz allmählich die einzelnen Lagen breiter werden, wie erst die untersten Schichten des rete mucosum, dann allmählich die übrigen saftiger werden. Die Zelle erscheint feinkörnig, gleichmässiger tingirt; weiterhin treten deutliche, hellglänzende Körperchen um den Kern herum in ihr auf, die nach dem Wundrande und besonders nach den obersten Schichten hin zunehmen, grösser werden. Der schon früher weniger deutliche Kern wird endlich unsichtbar. Wir haben schliesslich eine blasig-aufgetriebene, mit discreten Fettkörnchen — das sind sie in der That! — infiltrirte Epithelzelle vor uns. Diese lösen sich in den obersten Schichten allmählich auf, zerbröckeln zu einem theils blätterigen, theils körnigen Detritus. — Ausserdem sieht man auch hier in den untersten Schichten lymphkörperartige Zellen, die wohl eingewandert sind. Kerntheilungen an den Epithelien sah ich in diesem Stadium nie.

Diese entzündliche Infiltration, welche mit den von Thiersch (l. c.) für die erste Vereinigung geschilderten Veränderungen viel Aehnlichkeit hat, vollzieht sich wahrscheinlich schon bald nach der

---

*) Deren Ursprung wird bekanntlich noch sehr viel versirt. Ich konnte keine bestimmten Ansichten darüber gewinnen.

**) Thiersch, Anatom. Veränderungen verwundeter Weichtheile. Pitha-Billroth's Handb. Bd. I. 2. 2.

Verletzung. Auf ihr beruht zum grossen Theil die Schwellung und der Schmerz der Wunden.

Das dieses Stadium gewöhnlich begleitende „Wundfieber" ist wahrscheinlich (Roser, Weber, Hüter, Billroth und Andere) bedingt durch die Aufnahme septischer Stoffe von den gequetschten, sich zersetzenden Gewebsmassen, welche die Wandungen des Schusskanals darstellen, — also als ein septicaemisches Fieber aufzufassen. — Dieses begann bei uns, soweit dies zu constatiren war, in der Regel vom 4. bis 7. Tage, oft schon früher, einige Male auch später, noch bis zum 12. Tage*). Es correspondirte übrigens nicht immer mit der Grösse der Verletzung und scheint demnach wohl auch zugleich von individuellen Momenten abhängig zu sein.

Weiterhin breitet sich die „Schmelzung" der Gewebe weiter aus, zugleich werden besonders die Partien hinter der Necrosenzone weicher, verflüssigen sich endlich wirklich. Es treten hier massenhafte Eiterzellen auf; von Stelle zu Stelle heben sich mehr und mehr morsche, necrotische Gewebspartikel ab, während zugleich das intercellulare Canalsystem vollständiger wird, stellenweise sogar schon, unter einfacher Längsstreckung und Schichtung der Granulationszellen, zu Blutkörperchen führenden Bahnen sich erweitert. Diese gewinnen endlich das Uebergewicht, wachsen zu Schlingen aus. Das umgebende entzündlich infiltrirte Gewebe wird wieder derber und stellt sich nun als Granulationsgewebe dar, welches, wie bekannt, in feinen Zöttchen, bis auf die freie Fläche der Wunde vordringt.

Mit der stärkeren eiterigen Abstossung der necrotischen Massen hat auch das Wundfieber in der Regel seine Acme erreicht (bei uns am 5., 7., 12. Tage). Weiterhin sinkt die Temperatur gewöhnlich zur Norm und nimmt auch zugleich der Schmerz und die Schwellung rasch ab, falls nicht irgendwelche Störungen den Eiterabfluss hemmen, oder andere Entzündungsreize den Prozess von Neuem anfachen. — Und dies ist bei Schussverletzungen der Weichtheile, aus leichtbegreiflichen Gründen, sehr häufig der Fall.

Es gehen nämlich die oben beschriebenen, um gezerrte Stellen, oder um disseminirte Blutextravasate in den Gewebslücken angehäuften entzündlichen Infiltrationen eine eiterige Schmelzung ein, ganz auf die oben an der Wunde selber geschilderte Weise, nämlich entweder auf dem Wege einer directen Eiterumwandlung oder einer Demarkirung. — Dass übrigens das nicht

---

*) Es mag das zum Theil mit der Structur der Gewebe und den anatomischen Lagerungsverhältnissen des lädirten Bezirkes zusammenhängen.

unabänderlich nothwendig ist, ist klar, — es kann sich die entzündliche Zellenneubildung an diesen Stellen ebensowohl organisiren, wie bei einer Heilung per primam, und überhaupt bei subcutanen Verletzungen. Doch ist es mir unzweifelhaft, dass unter dem Einflusse der „entzündlichen fieberhaften" Diathese, unter welcher Patient aus individuellen oder äusseren Ursachen steht, sehr wohl eine eiterige Umwandlung statthaben kann. — So mögen wohl manche sehr früh auftretende Phlegmonen und Abscedirungen zu erklären sein *). — Aehnliche mögen wohl auch durch Fremdkörper veranlasst sein.

Nicht minder störend sind die häufigen Eiterretentionen, deren Ursachen bekannt sind. An sie schliessen sich als unmittelbare Folgeerscheinungen die „Eitersenkungen" an, deren ein Theil auf die eben angegebene Weise entsteht, der andere dagegen in der That rein mechanisch erzeugt wird, sei es durch einfache Senkung des Eiters nach den tieferen Partien, sei es durch den Druck nach den Stellen des geringsten Widerstandes hin. — Eiter wirkt infectiös auf die normalen Gewebe, wie Billroth und Weber fanden, phlogogen, es entwickeln sich neue Eiterungen unter dem Contacte mit Eiter. Daher findet man denn auch stets die Wandungen solcher Senkungsabscesse mit schlaffen, blau-rothen, Eiterproducirenden Granulationen ausgekleidet. — Jede Eiteransammlung wirkt aber auch Fiebererregend (pyrogen); es entwickelt sich ein — durch einfache Eiterresorption bedingtes — pyämisches Fieber (Hüter), welches uns oft genug erst auf eine solche Eiteransammlung aufmerksam macht. — Uebrigens kann sich unter günstigen Bedingungen sogar eine Pyaemia multiplex im Anschluss an solche Weichtheilschüsse entwickeln (cf. Pyaemia).

Nach Eliminirung aller necrotischen Massen und verunreinigenden Fremdkörper wachsen die Granulationszotten in einander. Es wird dabei die Intercellularsubstanz streifiger, leichtfaserig, die intercellularen Gänge schwinden dadurch immermehr; ebenso reduciren sich die Capillarbahnen unter dem Drucke des schrumpfenden Gewebes auf wenige stärkere Gefässe. Die Granulationszellen werden anfangs schon mehr oblong, schliesslich deutlich spindelförmig, wandeln sich in Narbengewebe um. Die Haut ist unterdessen gleichfalls zu mehr formativer Thätigkeit erweckt. Die Zellen der unteren Epithellager vermehren sich durch Kerntheilung, senken sich an der

---

*) Waldeyer (zur pathol. Anatomie der Wundkrankheiten. Virch. Arch. 40. pag. 379—420) erklärt sie durch interstitielle, vom Hauptheerde weiterkriechende entzündliche Bindegewebswucherung entstanden.

Granulationsfläche in dichten Massen in die Tiefe, theils dringen
sie zwischen der eiterigen (pyogenen) und (plasmatischen) Granu-
lationsschicht vor und liefern dabei auch zum Eiter ihren Antheil.
Es gehen nämlich eine Anzahl zu Grunde, werden einfach macerirt;
bei anderen wuchern die Kerne; die Zellen platzen und lassen so
die Kerne sich frei zum Eiter mengen.

Ein feiner Schnitt durch die Ueberhäutungsgrenze aus dieser
Periode bietet unter dem Mikroskope folgendes Bild*).

Von den drei Schichten der Epidermis sieht man sehr früh schon sich
die Lagen der obersten (stratum corneum) abblättern, nur eine dünne Lage
steigt mit den übrigen bogenförmig nach den Granulationen zu herab, um
da aufzuhören, während das rete Malpighi gerade an dieser Stelle an Mäch-
tigkeit gewinnt, grosse, geriffte Zellen mit hellen, doppelt contourirten, hier
oft getheilten Kernen und Kernkörperchen, in dicht gedrängter Masse aufweist. Dieses (rete Malp.) allein dringt weiterhin in Form eines viel-
zackigen Zapfens neben dem „Granulationswalle" in die Tiefe, steigt
dann an letzterem wieder in die Höhe, überwölbt eine Granulationspartie,
um erneut in die Tiefe zu dringen, oder breit aufzuhören. Letztere Stellen
zeigen dicht gedrängte, doch stets deutlich als Epithelien erkennbare Zellen
mit Kerntheilungen, an welche das unveränderte Granulationsgewebe unmittelbar heranreicht. Ein Uebergang von Granulations- in Epithelzellen
ist nirgends wahrzunehmen. — Das Granulationsgewebe wandelt sich
unter dem Drucke des wuchernden Epithellagers in ein derberes, wie oben
beschrieben, in Narbengewebe um. — Ueberall sieht man auch hier noch
in den tieferen Schichten Uebergänge der präexistirenden Gewebe in Granulationsgewebe, in den eben benarbten Theilen auch umgekehrt. — Die
Gefässe sind bis auf einzelne centrale, wirbelförmig ansteigende Stämme geschwunden. — Es construirt sich sonach durch den gegenseitigen Druck
des sich abwärtseinsenkenden rete Malp. und des Blutes in den senkrecht
gegen die Granulationsfläche aufsteigenden Gefässen, unter gleichzeitiger
bindegewebiger Umwandlung der Granulationszellen, ein dem normalen
ähnliches corpus papillare.

Die Ueberhäutung geht auch hier vom Rande nach dem Centrum zu.

Ueber die bei uns vorkommenden Narbencontracturen, Lähmungen etc. nach Weichtheilwunden habe ich schon oben berichtet. —
Die späteren histologischen Veränderungen des Narbengewebes habe
ich hier nicht studiren können.

---

*) Ausführlicher habe ich das an einem anderen Orte mitgetheilt. — Die
Präparate wurden ebenfalls in Chromsäure gehärtet.

3. Schusswunden der Knochen.

Bei den Schusswunden der Knochen findet man der Natur der Verletzung entsprechend neben mehr weniger ausgedehnten Splitterungen des Knochens, Quetschungen und Zerreissungen des Marks, Periosts und der umliegenden Weichtheile noch eine Reihe von Integritätsstörungen, welche einfach zu erklären sind durch die von der verletzten Stelle weiterhin fortgepflanzte Erschütterung. Es entstehen dadurch theils bloss moleculäre Störungen, theils wirkliche Zertrümmerungen mit Blutextravasaten, seltener von grösserer Ausdehnung, meist disseminirt.

Aus der complicirteren Natur der Verletzungen erklärt es sich denn auch, dass hier der Wundheilungsprozess im Anfang wesentlich stürmischer, weiterhin aber im Allgemeinen viel langsamer vor sich geht. — Gleichwohl ist er im Ganzen dem einfacher Weichtheilschüsse ähnlich. Auch hier vollzieht sich Entzündung, Eiterung, Abstossung, Rehabilitation nach ganz denselben Grundsätzen. Die locale wie allgemeine Reaction ist anfänglich stärker. Es entwickelt sich sehr rasch eine reichliche Infiltration zunächst sämmtlicher Weichgebilde mit lymphkörperartigen Zellen innerhalb der entzündlich umgewandelten Gewebe. Diese steht gewöhnlich im gleichen Verhältniss zur Schwere der Verletzung, fällt hier aber weit stärker aus als bei reinen Weichtheilschüssen; und kann dieselbe sogar bei zweifelhaften Fällen einer Knochenverletzung für diese pathognomonisch sein. Vom Knochen betheiligen sich vorläufig nur Mark*) und Periost. In beiden findet man ähnliche kleinzellige Infiltration; später erst durchdringt dieselbe auch den Knochen in der bekannten von Virchow, Billroth, Volkmann geschilderten Weise.

Die Infiltration der Weichtheile war in unsern Fällen nie so stark, wie es z. B. von Pirogoff (l. c.) geschildert wird. Uebrigens pflegt sie bei den Knochenschüssen der oberen Extremitäten (welche wir hier vorzugsweise zu behandeln hatten) überhaupt nie so stark zu sein, wie bei denen der unteren Extremitäten. Gleichwohl beobachteten wir in einer Reihe von Knochenschüssen sehr frühzeitige abscedirende Phlegmonen, welche hier wahrscheinlich von den schon erwähnten „Erschütterungsheerden" ausgehen. Es entwickelt sich auch hier an diesen Stellen eine stärkere Infiltration mit lymph-

---

*) Das Mark zeigt übrigens dabei noch besondere, eigenthümliche Verhältnisse, mit deren Studium ich noch nicht zu einem befriedigenden Abschluss gekommen bin.

körperartigen Zellen, welche unter dem Einfluss der localen wie allgemeinen entzündlichen Diathese sich eiterig umwandelt. So entstehen besonders um zertrümmerte Gewebstheile, um hämorrhagische Heerde wirkliche Demarkirungen, Abscesse. — Ein anderer Theil von Phlegmonen und Abscedirungen beruht dagegen auf einer Necrose der entzündlichen Infiltration selber, welche entweder nur durch ihr eigenes rasches Anwachsen und consecutive Compression der interstitiellen Gefässe vermittelt wird, oder durch den Druck straffer Fascien, wie es besonders häufig bei Verletzungen der Hand- und Fusswurzelknochen beobachtet wird (cf. pag. 56). — Diese „phlegmonösen" Abscesse bilden eine sehr häufige Complication der Knochenschusswunden und kommen überall vor, wo, sei es durch die anatomische Anlage, sei es durch die jeweilige Stellung und Haltung der betreffenden Gliedmaassen, Erschütterungen vom Knochen direct auf die habituell (vermöge ihrer anatomischen Verbindung) oder nur momentan straff anliegenden Weichtheile fortgeleitet werden können.

Das fieberhafte Allgemeinleiden begann in den von mir notirten Fällen vom 7. bis 14. Tage nach der Verletzung; häufig war es jedoch schon früher aufgetreten.

An Knochen, in diesem entzündlichen Stadium untersucht, fand ich das, was schon aus den Forschungen der oben genannten Meister bekannt ist. — Ich erwähne nur noch, dass ich auch die Knochenkörperchen selbst verändert sah, nämlich sehr häufig einfach vergrössert, oft aber auch mit kleinen Fettkörnchen angefüllt, einzelne auch mit Kerntheilungen. Manche Knochenkapseln erschienen geöffnet und liessen die Kerne frei unter die Zellen des Markraumes treten.

Die eiterige Elimination begann im Ganzen früher als bei den Weichtheilschüssen. Die Eiterung war übrigens, wie begreiflich, oft lange durch Splitter und Fremdkörper, Eitersenkungen etc. verzögert. Die Abstossung der necrotischen Knochen dauerte in der Mehrzahl der Fälle bis zum 80. bis 120. Tag, je nach der Grösse der Verletzung. — Je stärker die Splitterung, je mangelhafter die Fixirung des Gliedes, desto stärker pflegt die Callusbildung zu sein. — Die anfänglich weiche Structur des Callus, grossmaschiges Knochengewebe mit Granulationen, begünstigt dessen eiterige Schmelzung, wie man sie oft nach Splitterextractionen, besonders aber nach dem immer noch beliebten Einlegen von Pressschwamm in die Schusskanäle sehr rasch eintreten sieht; zuweilen schmilzt das Callusgewebe schon bei blossem Fieber. Es scheint sich das Gewebe gewissermaassen noch im labilen Gleichgewichte zu befinden, da oft schon ein so geringer localer oder allgemeiner Reiz zu dieser erwähnten Transformation genügt.

In einigen Fällen, besonders bei Schussverletzungen der Carpalknochen, beobachteten wir hier eine vollständige Entblössung sämmtlicher Knochen vom Perioste in Folge einer septico-purulenten Periostitis. Diese entwickelte sich entweder in Form einer höchst acuten eiterigen Schmelzung des entzündeten Periosts oder als ein der „brandigen Phlegmone“ analoger Prozess im Perioste; es fand eine reichliche entzündliche Infiltration statt in diesem Gewebe, welches schon wegen der durch das Trauma selber gesetzten Erschütterungen und Zerreissungen von vornherein wenig Widerstandsfähigkeit gegen die allgemeine Entzündung resp. Eiterung hatte. Die massenhaft angestauten neugebildeten Zellen comprimiren die Gefässe, zerfallen vielleicht auch selber in Folge des gegenseitigen Druckes und der mangelhaften Ernährung, und so verfällt das ohnehin schon stellenweis von Blut unterwühlte Periost sehr rasch einer allgemeinen Necrose. Es entsteht eine profuse jauchige Eiterung, welche alles unterminirt, so dass schliesslich die Knochen nackt in einer grossen Jauchehöhle liegen. Regelmässig erfolgen dabei Durchbrüche in die umliegenden Weichtheile und täuschen Phlegmonen vor, von denen sie natürlich wohl zu trennen sind. — Wahrscheinlich hat an diesem Prozesse auch die entzündliche Schwellung des Knochenmarkes ihren Antheil. Es mag wohl überhaupt schwierig sein, zu entscheiden, ob dergleichen Ausgänge, diese acute Necrose ganzer Knochen, mehr durch eine Necrobiose des entzündlich infiltrirten Periosts oder des gleichermaassen afficirten Knochenmarkes herbeigeführt werden.

Einen anderen noch gefährlicheren Ausgang der Knochenschussverletzungen, nämlich den einer ausgedehnten Markvereiterung, haben wir gleichfalls mehrere Male erlebt.

Das Knochenmark erfährt, vermöge seiner zarten Structur, bei Knochenverletzungen ungemein leicht und häufig Erschütterungen, entweder bloss moleculäre Störungen, oder gröbere Zusammenhangstrennungen, Hämorrhagien und Gewebszertrümmerungen. — Die Ausbreitung derselben correspondirt aber durchaus nicht immer mit der Schwere des Traumas; im Gegentheil pflegen sie nach blossen Streifungen und Contusionen sogar viel bedeutender zu sein, als nach heftigen Zerschmetterungen des ganzen Knochenschaftes. Wahrscheinlich werden, je concentrirter die Kugel an einer Stelle den Knochen zertrümmert, um so weniger leicht Erschütterungen auf die übrigen Theile des Knochens übergeleitet. Es brechen sich die Schwingungen an der Fracturstelle, während sie bei blossen

Contusionen und Streifschüssen mit ungeminderter Kraft durch alle Theile des Knochens laufen*).

Sägt man einen frischverletzten Röhrenknochen der Längsaxe nach durch, so sieht man das Mark an der verletzten Partie selber sehr gewöhnlich zu einem feinen Brei zertrümmert; zuweilen bietet es ein ähnliches Aussehen, wie schmelzender Schnee. Seine Farbe ist gleichmässig roth oder schwarz-braun. Der Markhöhle entlang erscheint es entweder nur auf eine kurze Strecke blutig unterlaufen, oder auf grosse Strecken blau-roth gefärbt. Letzteres beobachtete ich seltener. Regelmässig sah ich aber in engerem oder weiterem Umkreise der Fracturstelle erbsengrosse bis punktförmige Blutergüsse. welche sich mit strahligen Ausläufern in das umgebende Markgewebe erstrecken. Sie liegen meist nicht in einfach auseinander gedrängtem, sondern sehr gewöhnlich in zertrümmertem Gewebe. Man findet daher auch oft noch Partikel davon in dem ergossenen Blute. — Dieselben Erscheinungen bieten in weit höherem Grade die Knochen oft bei blossen Streifschüssen, besonders der Epiphysen. Es ist dann entweder das ganze Mark mit ausgeflossenem Blute durchtränkt, oder es sind kleinere und grössere Blutextravasate durch die ganze Markmasse disseminirt. — Fast regelmässig findet man diese „Erschütterungsheerde" bei den einzelnen Knochen vorzugsweise an bestimmten Stellen; so bei dem Oberarmknochen gewöhnlich am reichlichsten und stärksten im unteren Drittheile des Markcylinders. Es mag dies vielleicht mit der Anordnung und Verlaufsrichtung der Gefässe im Zusammenhange stehen.

Diese Erschütterungserscheinungen führen, wenn sie nur gering sind, wohl in der Mehrzahl der Fälle nicht zu gefährlicheren Entzündungen resp. Eiterungen des Markes. Es beschränkt sich die traumatische Entzündung vielmehr bloss auf die verletzte Partie. Ein Theil der Blutaustritte wird unzweifelhaft einfach resorbirt. Andere dagegen geben Anlass zu kleinen umschriebenen Abscedirungen, deren Einfluss auf die Umgebung, wie ich mich öfter überzeugen konnte, bisweilen auffallend gering ist. Seltener verfetten sie und werden resorbirt, oder abgekapselt. Häufiger dagegen rücken sie, sich allmählich vergrössernd, nach Aussen vor, brechen sich entweder durch das offene Fracturende oder durch die in Folge rareficirender Ostitis ohnehin erweiterten Markkanäle des Knochens nach aussen Bahnen. Damit kann, ohne dass eine sichtbare Ab-

---

*) Ganz dieselben Beobachtungen kann man bei den entsprechenden Maschinenverletzungen der Knochen machen; auf sie beziehe ich mich mit.

stossung des Knochens erfolgt, das Ganze beendet sein. Oefter wird dabei ein je nach der Ernährungsbehinderung mehr minder grosses Knochenstück eliminirt, was hier um so leichter geschehen kann, als auch gewöhnlich gleichzeitig die Periostgefässe den Knochen weniger prompt und ausreichend versorgen können. — Diesen Durchbruch der Markabscesse nach aussen habe ich mehrere Male sehr schön beobachten können. — Die Abscesse waren gewöhnlich von einem feinen Gefässnetz umzogen, und von diesem aus wird nach Entleerung des Eiters sofort die Lücke wieder mit jungem Granulationsgewebe ausgefüllt. Weiterhin wandelt sich das Mark der Ausdehnung der Entzündung entsprechend in eine fleischfarbige, derberem Granulationsgewebe analoge Masse um, in welcher neben den charakteristischen, Granulationszellen sehr ähnlichen Elementen des Markes noch Spindelzellen und grössere Zellenconglomerate auffallen, welche mit Blutfarbstoff imbibirt, licht-braun oder braun-roth gefärbt erscheinen. Fette werden von den Zellen erst weit später, nach vollendeter Ausgleichung aller Störungen wieder aufgenommen.

In anderen Fällen dagegen kommt es zu diffusen Eiterungen im Marke. Auch hierbei, bei der traumatischen purulenten Osteomyelitis spielen die „Erschütterungsheerde" eine Hauptrolle*). Es kommt von ihnen aus zu einer reichlichen entzündlichen Infiltration, welche rasch in Eiterung übergeht. Das ganze Mark erscheint dann intensiv roth, stellenweis blau-roth gefärbt, mit kleineren und grösseren gelben Flecken besät. An dieser acuten Vereiterung nehmen stets auch die Knochen und das Periost regen Antheil. Der Knochen wird rareficirt, verdünnt, die Markhöhle dadurch erweitert; das Periost erscheint stark infiltrirt, durch Eiter vom Knochen abgehoben. Der Eiter communicirt mit dem der

---

*) Ich halte mich, nach mehrfachen Untersuchungen osteomyelitisch erkrankter Knochen aus der Civilpraxis überzeugt, dass überhaupt die Mehrzahl der traumatisch entstandenen Osteomyelitiden von solchen „Erschütterungsheerden" ausgeht. — Ein Trauma scheint auch bei den „spontan" entstandenen meistentheils das erste ursächliche Moment zu sein. — Zur Entwicklung der Osteomyelitis purulenta bedarf es aber wohl noch besonderer Momente, wie entweder einer sehr heftigen Erschütterung, oder einer im Individuum selber gelegenen entzündlichen, fieberhaften „Diathese" (d. h. eines anderweitig begründeten Fiebers), unter deren Einfluss erst die eiterige Umwandlung der lädirten Markpartien eintritt. So traten bei einem Manne nach einem Schlag auf den Unterschenkel erst dann die Erscheinungen einer eiterigen Osteomyelitis auf, als er sich eine Pneumonie mit heftigem Fieber zugezogen hatte. Diese lief normal ab, während das Knochenleiden zunahm. Man amputirte. Patient starb 8 Tage später septicaemisch. Die Section bestätigte den Causalnexus der Erscheinungen.

Markhöhle durch die vielen Lücken der dünnen Knochenschale.
Dabei kann es sehr häufig kommen, dass nicht allein blosse Be-
zirke, sondern oft der ganze Knochen ausser Ernährung gesetzt
wird und abstirbt. — In einem Falle war unzweifelhaft die „Exsudation" so rasch entstanden, dass dadurch eine totale Unterbrechung
der Blutcirculation innerhalb des ohnehin schon vielfach zertrümmerten Markes herbeigeführt wurde. Dasselbe wurde necrotisch
und zerfiel zu einer stinkenden, jauchigen, breiigen Masse. — Diese
totalen Vereiterungen und Verjauchungen des Knochenmarks sind
höchst insidiöser Natur. Sie führen fast regelmässig zu lethal ver-
laufender multipler Pyaemie oder Septicaemie. — Sie entwickeln
sich, wie schon erwähnt, besonders häufig nach Streifschüssen der
Epiphysen; — dabei wird die Vereiterung wohl nicht ausschliesslich
auf die von mir angegebene Weise erregt, sondern pflanzt sich
wahrscheinlich auch von dem Markgewebe der verletzten Spongiosa
weiter auf das Mark der Diaphyse fort, entweder im Sinne Waldeyer's*) oder vielleicht auch auf embolischem Wege.

Nur einmal kam es zu einer eiterigen Ablösung der oberen
Epiphyse des Humerus nach Osteomyelitis des Schaftes. — Die gleichzeitigen Veränderungen an den Gelenken werden sofort besprochen
werden. — Zweimal kam eine eiterige Osteomyelitis an Knochen
zur Beobachtung, die gar nicht direct durch die Kugel verletzt
waren, — nämlich in den Vorderarmknochen bei Schussverletzungen
der Handwurzel. Auch hier bewirkte die Schussverletzung
eine Erschütterung in den benachbarten Knochen, deren
momentane Stellung eine directe Fortpflanzung der Schwingungen ermöglichte. Diese Erscheinung hat viel Aehnlichkeit mit
den Fracturen durch Contrecoup.

Stets markirt sich bei den Knochenmarksentzündungen auch in
den anliegenden Weichtheilen eine sehr starke Schwellung, welche
auf entzündlicher Infiltration der Gewebe beruht, übrigens hier wohl
auch noch sonst in einem engeren Zusammenhange mit dem Marke
steht. Mir wenigstens ist es nach der eigenthümlichen Zusammen-
setzung des Markes sehr wahrscheinlich, dass ein Theil der lymphkörperartigen Zellen in den infiltrirten Weichtheilen
direct vom Marke her eingewandert, ein Derivat des
Markes ist**).

---

*) Virch. Archiv. 40. pag. 379; cf. auch oben „Schusswunden der Weich-
theile".

**) Diese Ansicht wird durch die Studien Bizzozzero's und Neumann's
noch wesentlich gestützt.

4. Schusswunden der Gelenke.

Bei den Schusswunden der Gelenke stellen sich die Verhältnisse noch complicirter dar, was sich aus dem complicirten anatomischen Bau derselben zur Genüge erklärt.

Was die uns zur Beobachtung gekommenen Fälle anlangt, so will ich voraus erwähnen, dass zuweilen (in 8 Fällen) schon nach einfachen Weichtheilschüssen in der Nähe der Gelenke, in Folge einer Contusion, rasch nach der Verletzung schmerzhafte Schwellungen der Gelenkskapsel auftraten, welche gewöhnlich im Verlauf von 2 bis 5 Wochen, meist ohne Functionsstörungen zu hinterlassen, wieder schwanden.

Zwei Male wurden, wie oben mitgetheilt, Kapseleröffnungen ohne Verletzungen der Knochen beobachtet. Bei Beiden schwoll das Gelenk sofort an und entwickelte sich ein starkes Fieber. Nach wiederholten Senkungen verheilten die Gelenke (Schulter- resp. Kniegelenk), ohne dass ein Knochen abgestossen worden wäre, mit Anchylose.

In anderen Fällen entwickelte sich von der ausserhalb der Gelenkskapsel verletzten Epiphyse aus, gewöhnlich erst etwa 14 Tage bis 3 Wochen nach der Verletzung eine Schwellung des Gelenkes, welche von einem Eitererguss datirt. — Derartige, bloss auf Fissuren beruhende Verletzungen machen, besonders bei der Eisbehandlung, anfänglich so geringe Reaction, dass die Gelenksverletzung selber gar nicht diagnosticirt werden konnte. Plötzlich trat starke Schwellung der Theile ein; reichlicher Ausfluss eines Synovia- gemengten Eiters, Schmerzen und heftiges Fieber, oft mit Schüttelfrösten, rasch anwachsende diffuse Phlegmonen und Eitersenkungen markiren die Invasion des Gelenkes.

Bei Schüssen durch das Gelenk selber kamen diese Erscheinungen in der Regel sehr früh deutlich zu Tage. In einigen Fällen jedoch waren sie auch hier, trotz der ausgiebigen Verletzung der Gelenksenden, anfänglich äusserst gering und konnten die Patienten die betroffenen Glieder sogar ohne Schmerzen bewegen.

Das fieberhafte Allgemeinleiden ist bei den Schussverletzungen der grösseren Gelenke immer sehr beträchtlich; es war meist ein pyämisches Fieber, welchem einige unserer Patienten schliesslich erlagen. Die Heilungsdauer war gewöhnlich länger als bei den Diaphysenschüssen, im Ganzen vom 120. bis 160. Tage. —

Auch hier kann man bei Streifschüssen der Epiphysen die von mir öfter erwähnten „Erschütterungsheerde" in der Spongiosa der Ge-

lenkenden sehen. Sie stellen hier nicht so deutlich abgegrenzte Blutergüsse von Erbsen- bis Nussgrösse dar; zuweilen sieht man aber
auch diffuse Extravasate, gewöhnlich mit bogiger Begrenzung, entsprechend der Epiphysenlinie. — An andern Präparaten fand ich
graue oder bräunliche disseminirte Partien, von einem gelblichen
Eitersaume umzogen, endlich vollständig abgekapselte Abscesse,
welche wahrscheinlich aus einer rareficirenden Ostitis innerhalb der
hämorrhagischen Partie hervorgegangen waren. — Auch an den
Knorpeln sah ich zuweilen Blutergüsse in diffusen Flecken durch-
schimmern. — Oefter als von solchen zertrümmerten Partien aus
entwickelt sich von Fissuren, wie sie besonders bei Schüssen der
Epiphysen ungemein häufig sind*), eine Gelenksvereiterung.

Die Vereiterung des Gelenkes, ein Ereigniss, welches bei
der Mehrzahl der Gelenksverletzungen im Kriege einzutreten pflegt,
erfolgt je nach der Art und Ausdehnung der Verletzung auf verschiedene Weise.

Ist nur die Epiphyse durchschossen, das Gelenk aber nicht
eröffnet, so entwickelt sich gewöhnlich zunächst um die verletzte
Partie eine bald zur Eiterung tendirende Ostitis. Auch längs der
Fissuren wird der Knochen entzündlich infiltrirt. Beschränkt sich
darauf der Prozess, so kann es wohl, wie ich dies einmal an einem
Humerus gesehen habe, kommen, dass das Granulationsgewebe der
Spaltränder ossificirt und die Fissur so wieder fest verlöthet. In
der Regel jedoch wandelt sich dasselbe eiterig um, es lockern und
lösen sich die gespaltenen Stücken. Der Eiter dringt so entweder
allmählich oder rasch nach dem Gelenk vor.

Im ersteren Falle trübt sich der Knorpel, wird grau-roth,
erscheint erweicht, wie macerirt, oder er stösst sich in biegsamen
Plättchen ab. An feinen Schnitten sah ich unter dem Mikroskop
seine Intercellularsubstanz trübe mit feinkörnigem Fett infiltrirt, besonders in der Nähe der Knorpelzellen; oft auch diese selber mit
Fettkörnchen erfüllt, die Kerne mehrfach getheilt. Ueber den aus
dem Knochen hervorsprossenden Granulationen erscheint der Knorpel in halbkugelförmigen Vertiefungen wie ausgenagt. Die Granu-
lationsknöpfe dringen von unten gegen den entzündlich erweichten
Knorpel vor, indem sie wahrscheinlich an den betreffenden vertieften
Stellen das Knorpelgewebe resorbiren. Durch Zusammenfliessen
mehrerer entstehen stärkere Ausbuchtungen von drusigem Aussehen;
endlich wird der Knorpel ganz durchbrochen. Zugleich wuchern
auch von der Synorialmembran Granulationen hervor, — so dass

*) cf. Esmarch, l. c. pag. 31.

schliesslich die ganze Gelenkshöhle von solchen blau-rothen, zotti-
gen, schwammigen Granulationsmassen erfüllt ist. — An einzelnen
Stellen immer, besonders aber wenn der Prozess langsam genug
vor sich geht, nimmt auch der Knorpel selber an der Granulationswucherung Theil. Es füllen sich die Kapseln mehr und mehr mit
Zellen, erweitern sich, öffnen sich schliesslich, und lassen die Zellen
direct in die Granulationsmasse übergehen. — Hat der Eiter guten
Abfluss, so bleibt der Prozess eine Zeit in diesem Stadium bestehen; endlich lässt die Eiterung nach, die Granulationen werden
derber, wachsen zusammen, wandeln sich in Narbengewebe um,
oder verknöchern; — es restirt schliesslich eine Anchylose, ein
Ausgang, der bei den kleinen Fingergelenken die Regel ist, doch
bekanntlich, wenn auch seltener, in allen übrigen vorkommen kann.
Hat der Eiter keinen genügenden Abfluss, so entstehen bald Durchbrüche durch Spalten der Kapsel, Eitersenkungen in das umgebende
Zellgewebe, welches ohnehin entweder schon abscedirt, oder doch
gleichfalls entzündlich erweicht ist, und daher rapid zerfällt. So
erklären sich zum Theil jene umfangreichen Eiteransammlungen bei
Gelenkschüssen.

Zuweilen wird aber schon vorher durch den Druck des eingeschlossenen Eiters die ganze Granulationsmasse necrotisch und kann
dieser Zustand, noch ehe von dem Knochen aus eine neue eliminirende Granulationswucherung nachschiebt, seinen Abschluss mit dem
Tode des Patienten in Folge einer acut verlaufenden Pyaemie finden, selbst trotz der gleichzeitigen Kapseldurchbrüche.

Im anderen Falle findet gleich von vorneherein eine sehr lebhafte entzündliche Infiltration in dem Markgewebe der Epiphysen
statt. Da das Knochengewebe sehr wenig expansionsfähig ist, so
kommt es rasch innerhalb der entzündlichen Neubildung selber zu
Compressionsnecrosen, schliesslich zur Verjauchung des ganzen
Markes der Spongiosa, es entsteht eine septico-purulente Osteomyelitis. Aehnlich ist gewöhnlich auch das Mark der Diaphysenröhre
ergriffen; es scheint der eine Prozess den andern zu begünstigen.
Vielleicht wirken auch schon die durch die Schussverletzung selber gelösten spongiösen Splitter durch die Zersetzung ihres Markes
inficirend auf die Umgebung. — Oder es kommt sehr rasch zu
einer rein eiterigen Osteomyelitis, welche sich ebenfalls auf das
Röhrenmark ausbreiten kann. — In allen diesen Fällen werden die
geborstenen Epiphysenbrocken ausser Ernährung gesetzt, die Bruch-
stücke lösen sich, der Knorpel leistet in der Regel nur kurze Zeit
einigen Widerstand. Dann hebt er sich ab, der Eiter überfluthet
die Gelenkhöhle. — Diese geräth übrigens sehr oft schon vor dem

Durchbruch unter dem Einflusse der benachbarten Knochenver-
eiterung in einen mehr weniger zur Eiterung tendirenden Entzündungs-
zustand. Schon der anatomische Bau der Synovialis (nämlich ein
lockeres Bindegewebe, von reichlichen Gefässen durchsetzt, nach
der Fläche zu mit Lagen morphotisch sehr beweglicher Bindegewebszellen, an einzelnen Stellen, in den sogenannten plicae adiposae
und Zotten, reich entwickelte, nahe an die Intima herantretende
Lymphgefässnetze) begünstigt dieselbe ganz besonders für Entzündungen. Sie ist in hohem Grade zu einer raschen Resorption
eiteriger Massen befähigt*). Bei Schussverletzungen kommt noch
hinzu, dass das Gewebe der Synovialis gequetscht, von kleinen
Blutergüssen durchsetzt, und demnach noch mehr zum eiterigen
Zerfall disponirt ist. — Ist die Gelenksauskleidung erst vereitert,
so hebt sich schliesslich auch die Kapsel mit dem Perioste von den
acut necrotisch gewordenen Knochen ab. Diese liegen nun entblösst, grau verfärbt in der grossen Jauchehöhle. Es entstehen
Kapseldurchbrüche, Eitersenkungen etc; oft kommt es gar nicht
zur Abstossung der Knochen, da die Patienten schon früher pyä-
misch zu Grunde gehen. Diese Prozesse entwickeln sich so rasch,
dass jeder Operationsentschluss zu spät kommt; — in anderen
seltenen Fällen jedoch — und das waren solche, wo die Secrete
ausreichenden Abfluss hatten — hielten sich die Patienten Wochen
lang.

War das Gelenk selber vollkommen durchschossen, so entwickelte sich gleich eine acute Eiterung, welche in einem Falle
ungemein rasch zur Verjauchung der ganzen Gelenkhöhle führte.

Locale Antiphlogose hatte stets einen unzweifelhaften günstigen
Einfluss auf die Begrenzung der Entzündung und Eiterung. — Eine
restitutio ad integrum wurde bei notorischen Gelenksvereiterungen
hier nicht beobachtet.

---

*) Daher datirt wohl auch das heftige fieberhafte Allgemeinleiden bei den
Gelenkseiterungen.

VI.
Erschütterungserscheinungen bei Schussverletzten.

Von den Erscheinungen allgemeiner Erschütterung („Shock"), welche nach Schussverletzungen wie überhaupt nach stärkeren Traumen der verschiedensten Art eintreten können, sehe ich hier ab und will bloss der localen erwähnen, wie man sie in Folge der traumatischen Läsion in mehr oder minder grosser Ausdehnung um die Schussstelle beobachtet. — Diese Erschütterungserscheinungen kommen besonders dann zu Stande, wenn entweder die anatomische Aneinanderlagerung der Theile, der Bau der Organe, oder die jeweilige Haltung und Stellung der Glieder die Fortpflanzung von Erschütterungen nach den betreffenden entfernteren Stellen ermöglicht. Von wesentlich bestimmendem Einflusse ist natürlich dabei auch die beschleunigende Kraft, mit welcher das Projectil auftrifft, sowie der Winkel, unter welchem es aufschlägt. Sie können demnach unter gewissen Umständen an jedem Organe vorkommen.

Ich würde mich wiederholen, wenn ich aufzählen wollte, wie sie sich bei Knochen- und Gelenksschüssen in dem Knochenmarke, Perioste und umliegenden Weichtheilen manifestiren. Das ist zur Genüge schon in dem vorigen Capitel erörtert und wird daraus klar geworden sein. Es gehören dahin eben alle moleculären Continuitätsstörungen und Hämorrhagien, welche nicht durch Quetschung des Geschosses selber entstehen, sondern in Folge der von der verletzten Stelle weiterhin fortgepflanzten Schwingungen.

Hier bleibt mir nur noch übrig, über einen eigenthümlichen Symptomencomplex zu berichten, welcher bei blossen Streif- oder Contourschüssen am Thorax und Bauch beobachtet wurde.

Bei einer kleinen Anzahl solcher ganz leichter Schussverletzungen am Thorax waren die Erscheinungen folgende: Die betreffenden Patienten kamen einer mit einer leichten oberflächlichen Hautabschürfung auf der hinteren unteren Nackenpartie, einer mit einer solchen auf dem Sternum, vier mit bloss blauen Flecken (durch matte Kugeln) auf der vorderen Brustfläche, zwei mit kurzen Contourschüssen auf der hinteren Brustfläche hier an. Bei Sämmtlichen waren die Verletzungen an sich so unbedeutend, dass sie kaum Beachtung fanden. Doch fiel bei Allen sehr bald eine seltene

Mattigkeit auf. Sie sahen müde aus, klagten über vage Schmerzen
beim Athmen, athmeten langsam und oberflächlich, husteten wiederholt blutige Sputa aus. Der Puls war langsam, klein, träge. Bei
der genauesten, wiederholten Percussion und Auskultation liess sich
nichts weiter constatiren, als sehr stark abgeschwächtes vesiculäres
Athemgeräusch; Reibegeräusch war nirgends zu hören. Druck auf
die lädirte Stelle war besonders bei den blossen Contusionen sehr
schmerzhaft; alle übrigen Theile schmerzlos zu palpiren. Die sorg-
fältigsten Messungen mit dem Thermometer ergaben in meinen
Fällen durchweg subnormale Temperaturen (36^0 C.). — Diese
Erscheinungen wurden bei Allen bei ihrer Ankunft im Lazareth,
nämlich 7 Tage nach der Verletzung, bemerkt und von mir durch
5 resp. 7 weitere Tage beobachtet. Allmählich wurde Puls und
Respiration kräftiger, die Temperatur normal, das Aussehen der
Patienten munterer; blutige Sputa wurden nicht mehr ausgehustet.

Dieser bei Allen, gleichmässig von Andern wie von mir beobachtete Symptomencomplex erklärt sich, glaube ich, einfach durch
die directe Fortpflanzung der Erschütterung des Brust-
korbes auf die Brusteingeweide. Dadurch wurden Zerreissungen kleiner Lungengefässe gesetzt, daher die blutigen Sputa. —
Die übrigen „Depressionserscheinungen" aber sind wahrscheinlich,
ähnlich wie der Shock, durch reflectorische Erregung gewisser
Hemmungsvorrichtungen (Vagus?) der Herz- und Respirationsbewegung erzeugt; — oder es müssten vielleicht durch die direct über-
tragene Erschütterung die intrathoracalen nervösen Apparate selber
in einen lähmungsartigen Zustand versetzt worden sein (?).

Ganz ähnliche Erscheinungen habe ich bei einfachen Streifschüssen der Bauchhaut gesehen. Auch hier bestand einige Tage
lang verminderte Herz- und Respirationsbewegung, Mattigkeit, subnormale Temperatur, vage Schmerzen im Leibe, zugleich aber an-
haltende Stuhlverstopfung, gegen welche Purgantien vollständig machtlos waren, und endlich Appetitmangel. — Auch hier
liess die genaueste Untersuchung Nichts constatiren. Nach 8 Tagen
schwanden die Erscheinungen.

Hier wird man noch mehr, als bei den vorigen Fällen an den
Goltz'schen „Klopfversuch beim Frosche" erinnert. In der That
haben auch die Depressionserscheinungen etwas Aehnlichkeit mit
dem Erfolge jenes Experiments. Die Stuhlverhaltung jedoch möchte
wohl durch eine Lähmung der peristaltischen Bewegungen in Folge
direct übertragener Erschütterung entweder auf die jene vermitteln-
den Nerven oder auf die Darmmuscularis selber veranlasst worden
sein.

VII.

Anomalien der Granulationen.

Wie überall, so ist es auch hier schwierig zu bestimmen, wo
das Normale aufhört und die Anomalie beginnt, um so schwieriger
als das normale Granulationsgewebe im Ganzen noch wenig studirt
und gekannt ist. — Immerhin giebt es eine Anzahl von Veränderungen, welche schon äusserlich so auffallend von dem Gewöhnlichen abweichen, dass sie von jedem sofort als Anomalien aner-
kannt werden; und von diesen will ich mittheilen, was ich beobachtete.

1) **Hypertrophien,** excessive pilzartige Wucherungen fand ich
überall da, wo entweder noch nicht abgestossene necrotische Gewebstheile oder Fremdkörper in den Buchten und Höhlen granuli-
render Wunden zurückgehalten werden. Sie sind dann gewissermaassen der Ausdruck des Eliminationsbestrebens der Wunde. —
Man sieht sie besonders üppig auf grossen Risswunden nach Gra-
natschüssen, bei Knochenverletzungen, Gelenkschüssen etc. Ausserdem scheinen sie mir durch gewisse Verbandmittel veranlasst zu
werden, so besonders durch Warmwasserverbände und Kataplasmen,
welche letzteren, weil sie unzweifelhaft zu gleichzeitiger profuser
Eiterung und leichter Zersetzung Veranlassung geben, besser zu
vermeiden sind. Ich habe sie nie für Wunden angewendet. — Diese
üppigen Granulationswucherungen kamen trotz mehrfachen Aetzens
und Abschneidens immer wieder auf, wahrscheinlich in Folge des
continuirlichen Reizes der eingeschlossenen necrotisirenden Theile. —
Bisweilen bluten sie ungemein leicht; so besonders bei Knochenschüssen, wo sich die vollendete Lösung der Splitter sehr gewöhnlich durch grössere Fragilität und Blutungen der üppigen Granulationen ankündigt. — Unter dem Mikroskop zeigen sie, wie das
schon von Rindfleisch*) gefunden wurde, ein dem der Lymph-
follikel ähnliches reticuläres Gewebe, welches ich übrigens auch
hin und wieder in anscheinend normalem Granulationsgewebe gefunden habe.

2) Vom **Oedem** der Granulationen habe ich gelegentlich schon
oben (pag. 22) gesprochen. Aehnlich wie dort kann dasselbe überall

---

*) Rindfleisch, Lehrbuch der pathol. Gewebelehre, Leipzig 1871. 2. Aufl.
pag. 95.

entstehen, wo entweder in Folge unzweckmässiger Lagerung, oder in Folge des Druckes entzündlicher Infiltrate unter spannenden Fascien in der Umgebung der Wunden ein Circulationshinderniss in den Granulationsgefässen geschaffen wurde. Man sieht die ödematösen, blass-rothen bis weissen, gallertigen Massen oft Tage lang ohne Veränderung stehen bleiben, bis sie endlich bei eintretender eiteriger Schmelzung oder bei Senkungen des Eiters nach anderen Richtungen hin, wodurch der Druck auf die Granulationsgefässe wieder aufgehoben wird, rasch zusammensinken. Gewöhnlich aber stossen sie sich auch dann noch oberflächlich, oder in ihrer ganzen Dicke ab. — Auch in manchen Fällen von Venenthrombosen kann es vorkommen und für die Diagnose derselben geradezu pathognomisch werden.

3) Durch die vielfachen Reize, welche die Granulationen sowohl von der Oberfläche her, wie von dem Gewebsboden selber aus erfahren, werden sie oft genug stellenweis oder in ihrer ganzen Flächenausdehnung necrotisch. Man sieht dann grau-weisse Inseln oder ganze Membranen aus schmierigem Detritus aufliegen, welche man als **Croup** der Granulationen bezeichnet hat. — Diese werden in der Folge, ohne erhebliche Störungen zu machen, durch eiterige Umwandlung der unterliegenden Granulationszellen losgestossen *). Derartige oberflächliche Necrotisirungen beobachtete ich vorzugsweise an solchen Granulationen, welche auf einem derberen sehnigen Boden, oder auf Knochenflächen aufsassen. Hier vermögen natürlich mechanische Einflüsse um so leichter Necrose der Granulationen herbeizuführen, als die derbe, straffe Unterlage ein Ausweichen verhindert und wohl auch nur eine mangelhaftere Gefässentwickelung zulässt. Erst wenn die unterliegenden Gewebe rareficirt sind und selber eine vollkommenere Granulationsumwandlung erfahren haben, sprossen die Granulationszöttchen üppiger auf der freien Fläche hervor.

Bisweilen sah ich nach Splitterextractionen einen croupartigen Belag auf den Granulationen, wahrscheinlich in Folge der dabei oft nicht zu umgehenden Quetschungen. Aehnliche Belage entwickelten sich auch zuweilen unter dem gebräuchlichen Carbolölverbande **).

---

*) Ich halte mich davon überzeugt, dass ein gutes Theil des Eiters vom Granulationsgewebe selber geliefert wird, in Folge der zur Mortification führenden Reize, welche es fortwährend erfährt. Eben daraus erklärt sich auch zum Theil die oft so ungemein langsame Benarbung.

**) Herr General-Stabsarzt Stromeyer erzählte mir, dass er Gleiches auch bei Witterungswechseln, in Folge kalter Zugluft etc. beobachtet habe. Er hat

Manche Granulationen, so besonders auf Hautwunden der Parotisgegend zeigten einen eigenthümlichen gelben, speckigen Beleg, der längere Zeit schmerzlos stehen blieb; schliesslich bekamen die Granulationen allmählich wieder ihre rothe Farbe, eiterten mässig und überhäuteten sich. — Bei zwei Syphilitischen sah ich Aehnliches auf Hautwunden des Oberschenkels. — Ich halte beides nur für in der Localität der Wunden begründete Granulationsanomalien.

4) „Pyämische" Granulationen. Dass bei der Pyaemie charakteristische Veränderungen innerhalb der Granulationen vorkommen, hat Thiersch*) nachgewiesen. — Das „glatte" Aussehen der Granulationsfläche aber, die trübe, gelb-rothe Färbung, die spärliche, dünne Secretion, Erscheinungen, welche man bei Pyämischen sehr häufig an den Granulationen beobachten kann, halte ich, obwohl sie vielfach als besondere, der Pyaemie eigenthümliche Veränderungen beschrieben werden, nur für den Ausdruck des Frosts auf der Granulationsfläche, beruhend auf einer Contraction der unterliegenden Gefässe. Ich habe sie ebenso bei anderweitig begründeten Frostanfällen (Angina) gesehen.

5) „Hospitalbrand", „Diphtheritis" der Granulationen. Von dem sogenannten Hospitalbrand, der auch in diesem Kriege fast alle Verwundetenlazarethe heimgesucht zu haben scheint, hatte ich ebenfalls Gelegenheit, sowohl auf dem Schützenhause und in der Welfenkaserne, wie in Frankreich eine ganze Reihe einzelner Modificationen zu studiren. — Auf dem Schützenhause kamen im Ganzen 11 Fälle vor, auf meiner Abtheilung in der Welfenkaserne 6; während meiner Fahrten in Frankreich sah ich etwa 12 bis 14 der ausgeprägtesten Formen.

Da immerhin nicht jeder College Gelegenheit hatte, dergleichen vom Hospitalbrand befallene Wunden zu sehen, so will ich hier zunächst einzelne, besonders charakteristische Fälle mittheilen, um daran einige allgemeine Bemerkungen anzuknüpfen.

Fall 41. Risswunde des Handrückens durch einen Granatsplitter. Guter Heilverlauf. Hospitalbrand. Aetzung. Heilung.

Ein französischer Liniensoldat, 25 Jahre alt (Welfenkaserne), erhielt am 30. August 1870 durch einen Granatsplitter eine oberflächliche, etwa 2″ lange, 1″ breite Risswunde der Haut auf dem rechten Handrücken, in

---

übrigens dessen auch in seiner Uebersetzung der „Notizen und Erinnerungen eines Ambulanz-Chirurgen" von Mac Cormac (Hannover 1871. pag. 130) erwähnt.

*) l. c. pag. 572.

der Gegend des zweiten Metacarpophalangealgelenks. Die Wunde reinigte sich gut, begann sich vom Rande her zu überhäuten und hatte sich bis zum Anfang October bis auf einen 1″ langen, schmalen Fleck verkleinert. — Am 20. October klagte Patient bei der Abendvisite Schmerzen in der Wunde, an der ich zur Zeit ausser einer geringen Trübung nichts bemerken konnte; zugleich hatte er Fieber, keinen Appetit. Am anderen Morgen jammerte er über die schlaflose Nacht. „Die Schmerzen seien immer heftiger geworden." Sie werden als stechende, brennende beschrieben, sind in der Wunde am heftigsten und strahlen von da über die Hand und den ganzen Vorderarm aus. Patient fieberte noch und sah sehr elend aus. Die Wunde war um das Doppelte vergrössert, von livid rothen wulstigen Rändern umsäumt, die benachbarte Haut gelb-weiss, wachsartig glänzend. Die Granulationen waren durch e i n e w e i s s - g r a u e , s t e l l e n w e i s c h o c o l a d e n - f a r b i g e , b r a u n - r o t h g e s p r e n k e l t e , z ä h e , b r e i i g e M a s s e substituirt. Diese liess sich nur oberflächlich in kleinen Partikeln abschaben, wobei leicht Blut vordrang. Die Hauptmasse bildete einen d e r b e n F i l z , der f e s t a u f d e m B o d e n a u f h a f t e t e . Bei Versuchen, von diesem etwas abzuschaben, blutete es noch stärker. An den Blut- und Lymphgefässen des betreffenden Armes ist nichts zu constatiren. — Ich erkannte in dieser eigenthümlichen Erscheinung die sogenannte p u l p ö s e Form des Hospitalbrandes. Da ich momentan nichts Anderes zur Hand hatte, so betupfte ich die ganze degenerirte Granulationsfläche mit absolutem Alkohol, eine Manipulation, welche dem wackeren Patienten manchen Schmerzensschrei auspresste. Doch hörten schon nach einer halben Stunde die Schmerzen in der Wunde vollkommen auf, um freilich gegen Abend in erhöhtem Grade, unter gleichzeitiger Temperatursteigerung, zu recrudesciren. Patient erhielt daher eine starke subcutane Morphiuminjection, welche ihm wenigstens eine schmerzlose, ruhige Nacht verschaffte. Am andern Morgen (22. Oct.) war die Wunde wieder nach allen Radien hin um einige Linien vergrössert, ihr Aussehen wieder wie Tags vorher. — Ich reinigte sie zunächst gründlich, schabte die breiigen Massen ab und ätzte die ganze Fläche mit c o n - c e n t r i r t e r S a l p e t e r s ä u r e l ö s u n g , indem ich damit getränkte Charpiekugeln in alle Buchten und Winkel eindrückte und den Grund energisch damit einrieb. Danach entstand sehr rasch ein trockner, weiss-gelber derber Schorf. Die Wunde wurde dann einfach mit eingefetteter Charpie verbunden. — Der während der Aetzung s e h r h e f t i g e S c h m e r z h ö r t e n a c h 1 5 M i n u t e n v o l l k o m m e n a u f , um nicht wiederzukehren. Vom folgenden Morgen ab blieb Patient f i e b e r f r e i . Er hatte ohne Morphium geschlafen, und befand sich frisch und wohl. — Am 26. October hatte sich der Aetzschorf durch eliminirende Eiterung soweit gelockert, dass er leicht in toto, in Form einer dicken Platte abgehoben werden konnte. Es präsentirte sich eine gut granulirende, mit scharfen, aber nirgends infiltrirten

Rändern umgebene, vertiefte Wunde, welche unter einem einfachen Verband (Chlorwasser 1:5 aqu.) sich auffallend rasch verkleinerte und heilte.

Diese nach der „breiigen" Masse so benannte pulpöse Form des Hospitalbrandes war auch in unseren Fällen die häufigste.

Einen etwas anderen Verlauf nahm der folgende Fall, zugleich einer der ersten von mir (auf dem Schützenhause) beobachteten.

Fall 42. Schuss durch die linke Wade. Streifung der Fibula. Eitersenkung, Incision. Hospitalbrand. Wiederholte Aetzung; sehr langsame Heilung. Verkürzung der Achillessehne.

Ein französischer Soldat, 23 Jahre alt, bekam am 6. August bei Wörth einen Schuss durch die linke Wade, schräg von hinten innen nach vorn unten. Die Fibula ist bei Druck schmerzhaft, auf eine Strecke infiltrirt. Beim Sondiren fühlt man sie leicht gestreift. — Einfache Lagerung auf Kissen; Carbolölverband. — In der Folge entwickelte sich eine Eitersenkung unter den tiefen Wadenmuskeln. Spaltung der Wade von der äusseren unteren Schussöffnung aus, am 15. September. Gegen den 26. September hört der Eiterabfluss aus der Wunde und einem noch weiter nach oben führenden Eitergange auf; die Wunde erscheint trocken, graugelb, die Ränder infiltrirt; sie fühlen sich derb und heiss an. Patient fröstelt, fiebert, klagt heftige Schmerzen in der ganzen Wade und allgemeine Abgeschlagenheit. — Um Alles blosszulegen, spaltete ich auch den Eitergang vollständig und sah auch hier dieselbe trockne Beschaffenheit, dieselbe schmutzig-grau-gelbe Verfärbung der Granulationen. Es lassen sich nur oberflächlich dick-breiige Massen abschaben, während der mehr braunrothe, filzartig derbe Grund fest aufsitzt. Ich liess anfangs bloss mit Chlorcharpie (Aqua Chlori c. Aqu. dest. aa) verbinden. Es wurde jedoch nichts dadurch gebessert; im Gegentheil vergrösserte sich die Wunde immer mehr; die Masse wurde zugleich weicher, breiartiger, hier und da mehr braun gefärbt, die Ränder livid-roth, mehr und mehr aufgewulstet, während überdies nun auch die Weichtheile in weiterem Umkreise stärker anschwollen und einen wachsartigen Glanz annahmen. Dabei fieberte Patient sehr heftig, schrie bei der leisesten Berührung laut auf, und sah sehr elend aus. Er bekam täglich einige Dosen Opium. Die Wunde aber ätzte ich in der oben beschriebenen Weise mit concentrirter Salpetersäure, und liess sie danach mit oftgewechselten Warmwassercompressen verbinden. Der Erfolg war hier anfangs gut. Die Schmerzen liessen sehr bald nach, die Temperaturen sanken; schon nach zwei Tagen stiess sich der Aetzschorf ab und kamen darunter gute Granulationen zum Vorschein. Die Infiltration der Weichtheile nahm ab. So blieb es bis zum 4. October. Da wiederholte sich derselbe Prozess. Die Wunde bot wieder ein ähnliches Bild, nur mit

einem noch grösseren „Rahmen". Sie war jetzt 16 Cm. lang, 11 Cm.
breit. Der Grund erschien mehr ausgebuchtet, mit einer mehr „speck-
artigen", derberen Masse bedeckt; eine trichterförmige gleicherweis beschaffene Oeffnung führte in einen bis in die Kniekehle reichenden Kanal.
Im Grunde hafteten noch einige stinkende Sehnenfetzen. Die Ränder
waren theils unterminirt, theils gewulstet, die Wundumgebungen hart infiltrirt. Temperatur 40⁰ C. — Patient, inzwischen in andere Behandlung
übergegangen, wurde sofort, während der Chloroformnarkose, nochmals gründlich mit rauchender Salpetersäure geätzt, nachdem zuvor alle necrotischen
Gewebsfetzen entfernt worden waren. Danach wurde das Bein 6 Tage lang
permanent in einer dreistündlich erneuerten dünnen Lösung von Kali
hypermangan. gebadet. Am Tage nach der Aetzung sank die
Temperatur auf $39,6^0$ C., um vom darauf folgenden Tage ab normal
zu bleiben. Das Allgemeinbefinden wurde besser; die Schmerzen liessen
ganz nach. Am 6. Tage hatte sich der Aetzschorf vollständig abgestossen.
Man sah die tiefen Wadenmuskeln und den Nervus tibialis post. wie prä-
parirt blossliegen, nach dem Kniegelenke zu einen weiten Kanal klaffen. —
Carbolölverband. — Bis zum 5. November hatte sich die Wunde gleichmässig mit Granulationen ausgefüllt und vernarbte weiterhin rasch. Man
legte zur Verhütung stärkerer Narbencontraction für einige Zeit einen gefensterten Gypsverband an. — Am 17. December war die Wunde nur noch
thalergross. Patient klagte noch über stechende Schmerzen in der Wade
und an der Innenseite des Knies. Er wird nach dem Welfenschloss evacuirt. — Dort überhäutete sich allmählich die Wunde vollständig; schliesslich restirte aber eine narbige Verkürzung der Achillessehne, und in
Folge dessen eine geringgradige Pferdefussstellung.

Diese eigenthümlichen, gewöhnlich unerwartet rasch eintretenden
Veränderungen der Wunden sind bekanntlich zuerst 1722 von La
Motte unter dem Namen „pourriture" in einem Berichte vom
Hôtel Dieu in Paris erwähnt, als eine besondere Erkrankung be-
stimmt beschrieben zuerst von Pouteau*); dann folgten in kurzer
Zeit noch von verschiedenen anderen Autoren Beschreibungen der
nämlichen Wunderkrankung, so von Gillespie**), von Blane***),
Trotter†). Die besten in ihrer Art auch heute noch classischen
Darstellungen aber wurden von Thomson††), Boyer†††) und

---

*) Pouteau, Oeuvres posthumes. Tome 3. 1783.
**) Gillespie, „putrid ulcer", Lond. Med. Journ. Vol. 6. 1785.
***) Blane, On the diseases of seamen, „malignant ulcer". 1799.
†) Trotter, Medic. nautica. Vol. 2 et 3. 1799.
††) Thomson, Lectures on inflammation. „Gangräna contagiosa noso-
comialis". pag. 460. Edinb. 1813.
†††) Boyer, Traité des maladies chirurgic. Tome I. pag. 320. Paris 1814.

Delpech*) (1813, 1814, 1815) gegeben. Seitdem ist der „Hospital-brand" in der Pathologie der Wunden vollständig eingebürgert. Fast alle Jahre brachten neue Berichte.

Die ebengenannten, ersten Darsteller des Hospitalbrandes ver-einigten sich alle dahin, hauptsächlich zwei Formen zu unterschei-den, welche sie nach den charakteristischen Merkmalen a. die ul-ceröse, b. die pulpöse nannten, eine Eintheilung, welche sich noch bis auf den heutigen Tag durch alle unsere Lehrbücher schleppt. — Neuerdings ist theils durch die neueren Bearbeiter dieser Krankheit, theils durch die praktische Erfahrung hinlänglich erwiesen, dass eine solche Eintheilung nur soweit statuirt werden kann, als man damit nicht zwei bestimmt abgegrenzte Gruppen, sondern nur prägnante Modificationen ein und desselben deletären Prozesses auf den Wun-den bezeichnen will. Beide Formen werden häufig genug auf der-selben Wunde nebeneinander beobachtet; so auch einige Male bei uns, wie z. B. in folgendem Falle:

Fall 43. Zwei Weichtheilschüsse, a. durch die linke Schulter, b. durch den linken Oberarm. Pulpöse Form des Hospitalbrandes auf der Schulterwunde, Tags darauf im Umkreise derselben ulceröse Form. Aetzung. Heilung.

Ein französischer Soldat, 26 Jahre alt (Welfenkaserne), erhielt am 30. August 1870 einen Schuss durch die Weichtheile der linken Schulter, von der Mitte der Spina scapulae nach vorn bis zum äusseren Rande des Deltoideus, ausserdem noch einen kurzen Weichtheilschuss durch die äussere Oberarmmuskulatur. Beide wurden einfach mit Carbolölcharpie verbunden und tendirten zur Heilung. Am 29. October entwickelte sich auf der Rückenwunde „pulpöser" Hospitalbrand, d. h. die Granulationen wandelten sich in eine wulstige, zähschleimige, braun-rothe, stellenweis marmorirt aus-sehende Masse, welche stark schmerzte, während zugleich die Ränder infil-trirt, die Wundfläche vergrössert erschien. — Fieber bestand nicht dabei. — Sofortige Aetzung mit Salpetersäure. Trotzdem vergrösserte sich die Wunde von der Peripherie des Schorfrandes aus weiter und stellte sich, nach Ab-hebung des Schorfes, am 2. November, wieder ebenso „pulpös" entartet dar. Zugleich traten aber theils auf dem derb infiltrirten, leicht gerötheten Rande, theils in weiterem Umkreise kleine miliare Bläschen auf, gefüllt mit einer trüben gelblichen Flüssigkeit. Diese vergrösserten sich etwa zu Linsen- bis Erbsengrösse, platzten — was zuweilen auch schon früher geschah — und stellten nun runde, rasch wachsende Geschwür-

---

*) Delpech, Mémoire sur la complication des plaies et des ulcères connue sous le nom de „pourriture d'hôpital". Paris 1815.

chen dar, mit harten, livid-rothen Rändern und gelb-grauem,
speckigem Grunde. Mehrere confluirten, bildeten, immer nur mehr
oberflächlich, weniger nach der Tiefe hin sich ausdehnend, grössere Geschwüre. Schliesslich erreichten sie die Grenze der pulpös entarteten
Wunde, und vereinigten sich mit dieser, wobei einzelne Stellen sich
ebenfalls zu einer pulpösen Masse auflockerten. — Eine noch-
malige gründliche Aetzung mit concentrirter Salpetersäure führte auch hier
zum Ziel. — Am 6. November stiess sich der Schorf ab, und von da ab
verheilte die Granulationsfläche ohne Aufenthalt. — Uebrigens blieben hier
die nur wenige Zolle davon entfernten Wunden am selben Oberarme vollständig frei, heilten vielmehr während dessen, ohne irgend welche Veränderung zu zeigen.

Nach meiner Ansicht entstanden hier durch die corrodirende
Wirkung der Wundsecrete zunächst gewöhnliche Eczembläschen,
welche erst nach dem Platzen vom Hospitalbrand der Wunde infi-
cirt wurden. — Eine andere Erklärung kann ich auch dem von
Fischer*) beschriebenen „spontanen" Auftreten des ulcerösen
Hospitalbrandes auf „anscheinend gesunder Haut" nicht supponiren.
Auch alle übrigen Formen, die sonst noch beobachtet und beschrieben wurden, sind nichts als Modificationen desselben Prozesses.
der je nach den verschiedenen localen oder allgemeinen Verhältnissen, unter denen er sich entwickelt, verschieden ausfällt.
Ueber Form und Wesen dieser Krankheit der Wunden, über
das, was man eigentlich Hospitalbrand nennen soll, divergiren gleichwohl, trotz der meisterhaften und anschaulichen Darstellungen, welche
wir auch neuerdings, besonders von Pitha, Macleod, Pirogoff,
Fischer**) und Andern darüber enthalten haben, die Meinungen
bei den Einzelnen noch sehr stark. — Ueberdies scheint auch durch
die Einführung der neuen Benennung, „Diphtheritis", besonders bei
den Praktikern zugleich eine neue Verwirrung des Begriffes mit-
hereingebracht worden zu sein. — Wenn man auch vom patho-
logisch-anatomischen Standpunkte aus (Virchow) den Hospitalbrand als eine Diphtheritis der Granulationen auffassen muss, so
kann man, meiner Ansicht nach, den Namen „Hospitalbrand", obwohl er sehr wenig bezeichnend ist, bestehen lassen, da er einmal

---

*) Fischer, Der Hospitalbrand, eine klinische Studie, nach Beobachtun-
gen während des Wintersem. 1864/65. Charité-Annal. XIII. 1. 1865.
**) Pitha, Beiträge zur Behandlung des Hospitalbrandes. Prag. Viertel-
jahrsschr. für pr. Heilkunde. VIII. Jahrg. 1851. II. Bd. pag. 27. — Macleod,
Notes on the surgery of the Crimean war. Lond. 1858. pag. 165. — Pirogoff,
l. c. pag. 1010. — Fischer, loc. cit.

eingebürgert ist, nur muss man sich endlich darüber verständigen, was man so nennen will. — Nicht jeder „speckige" Belag der Wunde, nicht jede Wulstung der Granulationen mit Schwellung der umgebenden Weichtheile, nicht jede fieberhafte Vergrösserung der Wunde ist ein „Hospitalbrand". Keinesfalls aber gehören hierher die von Pitha und Pirogoff beschriebenen „spontan" entstandenen Zellgewebsverjauchungen („brandige Oedeme") und septischen Osteomyelitiden. Wenn ihnen auch eine gewisse Analogie mit dem klinischen Verlaufe wenigstens einiger Hospitalbrandformen nicht abgesprochen werden kann, so liegen ihnen doch wesentlich andere ätiologische Momente wie auch zum Theil andere pathologisch-anatomische Veränderungen zu Grunde.

In Beziehung darauf mag es daher nicht ungerechtfertigt sein, eine detaillirte Darstellung der *Symptomatologie* des Hospitalbrandes, wie er sich in unseren Fällen manifestirte, zu geben. Das in allen Fällen zuerst beobachtete*) Symptom war Schmerz. Die Wunden wurden ungemein schmerzhaft, oft in einem solchen Grade, dass die Patienten laut aufschrieen, bei der geringsten Berührung der Wunde convulsivisch zusammenzuckten. Nur bei einigen war der Schmerz mässig. Gewöhnlich wurde er als ein brennender, reissender, stechender bezeichnet, der von der Wunde weiter ausstrahlte, einige Male erwiesener Maassen längs eines Nerven. Er stellte sich gewöhnlich schon zu einer Zeit ein, wo an der granulirenden Wunde entweder noch gar nichts oder höchstens eine leichte Trübung zu bemerken war. Eine erfolgreiche Aetzung überdauerte er in der Regel nur $1/4$ bis $1/2$ Stunde, um nie, oder, wie bei wenigen Fällen, in weit geringerem Grade wiederzukehren. — In der Mehrzahl der Fälle machte er uns erst auf die Veränderung der Wunde aufmerksam. Wir bemerkten dann meist schon einen trüben „Hauch" auf der Granulationsfläche; die Secretion erschien verringert. Weiterhin nahm die Absonderung noch mehr ab, die Ränder schwollen an, die Granulationen wurden missfarbig, wulsteten sich auf und waren binnen wenigen Stunden in die oben beschriebenen Formen umgewandelt. Die ganze, nunmehr auch vergrösserte Fläche war mit einer pulpösen, grau-braun- und roth-marmorirten Masse bedeckt, welche Boyer sehr treffend mit „fötaler Gehirnmasse im Zustand der Fäulniss" verglichen hat. — In dieser Masse sieht man hier und da kleine Blutextravasate, auch wohl feine ectasirte Gefässschlingen, in welchen das Blut durch die Infiltration des Bodens

---

*) Auch H. Fischer fand (l. c.), dass die Schmerzen gewöhnlich 24 bis 48 Stunden vorangingen.

abgesperrt zu sein scheint *). Eine stärkere Absonderung einer schmutzig-gelb-rothen Jauche („sanies" Thomson), wie sie besonders Pitha beobachtete, habe ich nur in einzelnen Fällen gesehen. Der „fötide" Geruch aber, welchen einige Beobachter (Thomson — „a fetid nauseous smell", — Delpech, Pitha, Pirogoff) an derselben charakteristisch fanden, kam mir dabei nie zur Perception. — Die ulceröse Form konnte ich ausser nach dem oben (Fall 43) beschriebenen Modus gleich anderen Beobachtern, jedoch seltener, auch innerhalb der pulpösen Massen selber entstehen sehen, so zwar, dass kleine exulcerirte Stellen mit pulpösen abwechselten. — Ausser diesen beiden Hauptformen kann man unschwer eine ganze Anzahl anderer finden, welche sich aber wohl meist nur durch den mehr oder minder bedeutenden Flüssigkeitsgehalt, durch ihre zum Theil vom Gefässreichthum des unterliegenden Gewebsbodens, zum Theil von dem Grade der Infiltration abhängige Consistenz unterscheiden.

Der Hospitalbrand entwickelte sich gewöhnlich von einem bestimmten Punkte der Wundfläche aus; in der Regel sah ich ihn von einer Vertiefung oder Ausbuchtung aus entstehen. — So bei dem von mir im Handgelenke resecirten Patienten (Fall 27).

Bei ihm war schon einige Tage vorher eine trichterförmige Vertiefung neben dem resecirten Radialende bemerkt, in welcher der Eiter stagnirte; ebenda konnte man beim Abtupfen einen mortificirten Aponeurosenfetzen sehen, der einen intensiven Gestank verbreitete. Einfacher Chlorverband. Die Schmerzen blieben; Patient fieberte. Als ich am andern Morgen (30. September) wieder nachsah, fand ich das Granulationsgewebe im Umkreis dieser Vertiefung zu einer theils grau-weissen, theils braun-rothen Masse umgewandelt; die übrige Granulationsfläche erschien vollkommen gesund. Ich schnitt den Aponeurosenfetzen ab und ätzte den Grund des Trichters, sowie die „pulpös entarteten" Granulationen, und erzielte dadurch: Nachlass der Schmerzen, vollständiges Sinken der Temperatur und nach Abstossung des Schorfes (3 Tage später) schöne Granulationen an der betreffenden Stelle. — Bis zum 20. October war die ganze, grosse Wunde verheilt.

Mehrere Male ergriff der Hospitalbrand nur eine Schussöffnung, während der Kanal und die andere Oeffnung vollständig frei blieben und ungestört verheilten. Bei Einigen wurde dagegen von der zuerst ergriffenen Oeffnung aus schliesslich der ganze Kanal und die andere Oeffnung befallen, wobei 2 Male, nämlich bei einem Schuss durch das Olecranon und bei einem durch die Ulna, die zwischen beiden Oeffnungen liegende Haut und Weichtheile nahezu ganz zerstört wurden.

---

*) Leider habe ich verabsäumt, diese Massen mikroskopisch zu untersuchen.

Mit Ausnahme von 7 Fällen trat mit der charakteristischen Veränderung der Wunde ein mehr weniger heftiges Fieber auf, welches 2 Male sogar durch einen Schüttelfrost eingeleitet wurde und in der Mehrzahl der Fälle sich auf 39 bis 40° C. mit morgendlichen Remissionen mehrere Tage lang erhielt. Nach der Aetzung sank die Temperatur meist sehr rasch, um einige Male sogar noch am selben Abende zur Norm zurückzukehren. — Bei zwei Patienten konnte ich entschieden schon am Abend vor dem sichtbaren Ausbruch des Hospitalbrandes Fieber constatiren, während die Wunde noch nicht verändert erschien, und die Patienten nur Schmerzen klagten. — In allen von Fieber begleiteten Fällen wurden mässige gastrische Störungen (Appetitlosigkeit, Uebelsein, einmal Durchfall) beobachtet, welche wie das Fieber wohl auf die Resorption septischer Substanzen von der Wunde aus bezogen werden müssen.

Den Spontanverlauf des Hospitalbrandes habe ich, da wir stets sofort ätzten, bei unseren Fällen nicht verfolgen können, wohl aber bei einigen auf dem Reservelazareth der Kriegsschule. Es waren das drei Fälle der „pulpösen" Form, und zwar bei einer Schussfractur der Ulna, und bei zwei Weichtheilschüssen des Oberschenkels, deren Krankengeschichten mir nachträglich noch vom dirigirenden Arzte des Lazareths, Herrn Sanitätsrath Dr. Hundoegger hier, gütigst mitgetheilt wurden. Die Kranken wurden isolirt und ihre Wunden häufig mit Chlorwasser verbunden. Danach begränzte sich der Prozess binnen 10, 12 und 21 Tagen, indem sich die deformirten Massen durch eine demarkirende Eiterung abstiessen. — Das Fieber dauerte in diesen Fällen bis zur Vollendung der Demarkation.

Nach der Aetzung, welche bei uns gewöhnlich sofort oder am zweiten Tage vorgenommen wurde, liessen Schmerzen und Fieber rasch nach, die Schwellung nahm ab, die Secretion von Tag zu Tag zu; schliesslich löste sich nach 3 bis 5 Tagen der Schorf von den Rändern und dem Boden, gewöhnlich in toto, ab. Es restirte eine vertiefte, stark eiternde Granulationsfläche, mit scharf ausgeschnittenen Rändern. In der Folge stiessen sich noch Membranfetzen ab, bis nach einigen weiteren Tagen Alles mit schönen rothen Granulationen erfüllt war. Dann benarbte sich die Fläche auffallend rasch.

Ein eigentliches Recidiv wurde, abgesehen von dem raschen Wiedererscheinen des Hospitalbrandes nach einer unvollkommenen Aetzung, überhaupt nur einmal, nämlich bei dem Falle 42 constatirt. Der Hospitalbrand wiederholte sich da acht Tage nach der ursprünglichen Aetzung, nachdem die Wunde schon wieder schön

granulirte, in Form eines mehr trockenen „speckigen" Belages*). —
Ein ähnlicher „speckiger" Belag wurde zwar ausserdem auch noch
bei drei anderen Patienten, nämlich auf einem Weichtheilschuss des
Oberarmes am 34. Tage, auf einer Incisionswunde unter der Spina
scapulae am 43. Tage (Schützenhaus), endlich auf einer Weichtheil-
schusswunde des Oberschenkels (Kriegsschule) am 60. Tage nach
der ersten Hospitalbrandinvasion beobachtet. Aber es ist mir aus
verschiedenen Gründen sehr zweifelhaft, ob dies als ein Recidiv des
Hospitalbrandes aufzufassen ist. — Bei allen Dreien war die Wunde
schon fast ganz vernarbt, es „zerfiel die Narbe" und entstand ein
„atonisches Geschwür mit einem speckigen Belag", — eine Erscheinung, welche überhaupt häufig auf breiten, straffen, mit einer derben Unterlage verwachsenen Narben vorkommt, und deren Erklärung schon pag. 76 von mir gegeben wurde. — Ich kann mich um
so weniger mit der Ansicht befreunden, dass wir es hier mit einem
Hospitalbrandrecidiv zu thun gehabt, als alle übrigen Symptome
dieser Wunderkrankung vollständig fehlten. Ein mässiger prickeln-
der Schmerz wird zwar gewöhnlich dabei angegeben, aber er ist nie
so heftig wie der beim Hospitalbrand, gar nicht mit demselben zu
vergleichen. Entzündliche Infiltration und Fieber wurden in den
genannten 3 Fällen ebenso wie in den analogen von einfachem
Narbenaufbruch vollständig vermisst —: Was spricht da noch für
Hospitalbrand?! — Ich glaube daher, dass diese speckig belegten Geschwüre gar nichts mit dem Hospitalbrand
zu thun haben. —

Die heftigen Formen, bei denen derselbe deletäre Prozess auf
alle entzündlich infiltrirten Gewebe übergreift und so ausgedehnte Zerstörungen setzt, wie sie besonders von den älteren Beobachtern, aber auch von Pitha, Pirogoff, Macleod, Fischer
beschrieben werden, kamen in unseren Lazarethen glücklicher Weise
nicht zur Beobachtung. Doch konnte ich solche in ihren finalen
Verwüstungen an Patienten verschiedener Lazarethe in Frankreich
sehen. — So waren z. B. bei einem deutschen Soldaten fast sämmtliche Muskeln an der Innenseite des Oberschenkels von der Inguinal-
falte bis zum Knie herab auf nahezu zwei Händebreiten theils zerstört, theils blossgelegt. Im Grunde dieser enormen Wunde sah
man die fast ihrer ganzen Länge nach nackte Femoralis pulsiren. —

*) König (Ueber Nosocomialgangrän, Virch. Archiv. 52. 3. pag. 376,
nach ein. Refer. der Berlin. Klin. Wochenschrift) beobachtete Aehnliches bei
Recidiven. Leider erhielt ich seine Arbeit erst nach Vollendung der meinigen,
und habe sie daher nicht benutzen können.

Bei solchen ausgedehnten Zerstörungen ist allerdings die Aussicht auf die Erhaltung eines brauchbaren Gliedes sehr zweifelhaft. Blutungen kamen bei uns nach Hospitalbrand nie vor.

In unseren Fällen waren, trotz der auch hier immerhin oft umfangreichen Wunden, bleibende Functionsstörungen selten und im Ganzen mässig, wahrscheinlich weil meist auch nur die Haut und das intermuskuläre Zellgewebe zerstört war. Nur im Falle 42 blieb eine narbige Verkürzung der Achillessehne. Bei einem andern Patienten (Fall 39, pag. 71), bei welchem am 50. Tage nach der Resection des Os cuboid. die Wunde von Hospitalbrand befallen wurde, füllte sich nach der Zerstörung der gesammten entzündlichen Neubildung an der Resectionsstelle die Wunde nur sehr unvollständig mit osteoidem Gewebe aus. Es bildete sich eine fibröse Narbe und plattete sich in der Folge der Fuss dermaassen ab, dass das Gehen nur in einer sehr unbeholfenen Weise möglich war. — Bei einem Patienten aus der Kriegsschule endlich blieb eine Lymphfistel am Oberschenkel, in Folge der Arrosion eines Lymphgefässes durch Hospitalbrand. Diese machte jedoch gar keine Beschwerden und schloss sich überdies in kurzer Zeit.

Gestorben ist keiner unserer Patienten.

Was die *Aetiologie* des Hospitalbrandes anlangt, so hat man sich jetzt wohl allgemein darüber verständigt, dass er seinen Namen mit Unrecht trägt, dass er durchaus nicht, weder immer an schlechte Hospitäler, noch überhaupt an Hospitäler gebunden ist. Er wurde zu allen Zeiten in den vortrefflichst eingerichteten Hospitälern ebenso wie in schlechten, sowohl in überfüllten, wie in spärlich belegten Räumen, wie innerhalb der Hospitäler, so in Privatwohnungen beobachtet. Und wenn wir heut zu Tage uns wohl allgemein von der Contagiosität des Hospitalbrandes haben überzeugen können[*]), so sind wir doch weit entfernt, wie Delpech, selbst auch für das einzelne Auftreten in Privatwohnungen, auf dem Lande etc. immer und nur die Uebertragung durch Infection zu supponiren.

Für eine miasmatische Entstehung ist bislang kein vollgültiger Beweis beigebracht worden. Selbst die von mir citirte Beobachtung von einem Fieber vor Eintritt einer „sichtbaren" Veränderung ist hier von gar keinem Werth; denn es ist mir unzweifelhaft, dass, obwohl es mir „nicht sichtbar", gleichwohl Veränderungen inner-

---

[*]) Die Contagiosität des Hospitalbrandes konnte ich auch bei unseren Patienten unzweifelhaft constatiren, da er in einem Zimmer, von Bett zu Bett wandernd, vier Patienten der Reihe nach befiel; allerdings sah ich in andern Zimmern keine Weiterverbreitung, trotzdem sich ein derartig erkrankter Patient darin befand.

halb des Granulationsgewebes da waren, was eben schon durch den Schmerz in der Wunde höchst wahrscheinlich gemacht wird.

Für eine atmosphärische Ursache spricht weder die Geschichte der Hospitalbrandendemien überhaupt, noch der Verlauf einer einzelnen, ein Punkt, der besonders von H. Fischer ausführlich und schlagend erörtert wurde. — Allerdings kann, wie auch Lücke*) bemerkt, das auch im letzten Kriege beobachtete, nahezu gleichzeitige Auftreten von Hospitalbrand an verschiedenen Orten auffallen. — Auch bei uns trat der erste Fall im September, wenn ich nicht irre, auf der Kriegsschule auf; im selben Monate wurden dort noch zwei Fälle beobachtet, auf dem Schützenhause drei; ebenda im October fünf, im November einer, im December zwei; in der Welfenkaserne kamen auf meiner Abtheilung im October fünf, im November einer vor; zu gleicher Zeit kamen auch in den andern Abtheilungen der Welfenkaserne, wie in den übrigen Lazarethen Hannovers Fälle von Hospitalbrand zur Beobachtung, nie aber auf den chirurgischen Abtheilungen des städtischen Krankenhauses und des Henriettenstiftes. Diese „auffallende" Beobachtung aber findet, wie ich glaube, schon eine nahezu ausreichende Erklärung in der Thatsache, dass durch unser grossartiges Evacuationssystem ungemein leicht und rasch eine solche ansteckende Wunderkrankung nach den verschiedensten Lazarethen disseminirt werden kann, und, wie ich mich überzeugt habe, in der That auch mit übertransportirt worden ist. So wurde auf der Welfenkaserne der erste Fall notorisch von Strassburg importirt. — Demnach berechtigt uns dieses isochrone Auftreten an verschiedenen Orten auch noch nicht ohne Weiteres, an „einen epidemischen Krankheitsgenius" (Pitha) zu denken. —

Meine Ansichten darüber, wie ich sie sowohl aus dem Studium der einzelnen Berichte, wie nach meinen eigenen Erfahrungen gewonnen habe, sind folgende: Alle Beobachtungen sprechen vorzugsweise für eine rein topische Genese*) der eigenthümlichen Krankheitserscheinungen, für welche allen vorher erörterten Momenten allerdings ein gewisser prädisponirender Einfluss nicht abgeleugnet werden kann.

Der Hospitalbrand beruht stets auf einer localen Erkrankung der Wunde selber. Alle concommittirenden fieberhaften

---

*) Lücke, Kriegschir. Fragen und Bemerkungen. Bern 1871.
**) Die Ansicht von der rein topischen Begründung des Hospitalbrandes hat zwar von jeher die Neigung vieler Beobachter gehabt, so von Pouteau, Delpech, zum Theil auch von Pirogoff, endlich von H. Fischer, — entschieden ausgesprochen und begründet finde ich sie jedoch nirgends.

Allgemeinerscheinungen datiren nur von daher. — Das beweist, abgesehen von der Möglichkeit durch Injection überhaupt jauchiger Flüssigkeit und speciell solcher von Hospitalbrandwunden ähnliche Erscheinungen herbeiführen zu können (Fischer), auch die sofortige Coupirung des Fiebers durch eine erfolgreiche Verschorfung (Aetzung) der degenerirten Wunde.

Das Secret, wie die brandigen Massen von solchen Hospitalbrandwunden wirken contagiös auf andere Wunden und bewirken da gleichfalls Hospitalbrand. Jedoch gehört zu diesem Effect höchst wahrscheinlich auch eine gewisse Prädisposition der Wunden, die wohl nicht individuell, sondern rein topisch begründet ist. — Anders wenigstens weiss ich es nicht zu erklären, warum an demselben Individuum eine Wunde von Hospitalbrand ergriffen wird, eine andere nicht, warum sogar auf derselben Wunde ein Theil zu der charakteristischen pulpösen Masse deformirt wird, während der andere Theil vollkommen normal granulirt, wie es nicht nur von mir (cf. pag. 106), sondern auch von Andern, so von Fischer, constatirt wurde.

Die auffallende überwiegende Häufigkeit des Hospitalbrandes bei im Kriege Verwundeten (— es liegen mir von nahezu sämmtlichen seit Ende des vorigen Jahrhunderts geführten Kriegen derartige Berichte theils im Original, theils im Auszug vor —), gegenüber der kleinen Zahl der in Civilspitälern davon Befallenen, von denen die kräftigsten Individuen, — bei uns überwiegend solche Patienten, welche weder durch vorausgehende Eiterungen noch durch anderweitige Erkrankungen geschwächt waren — eben so häufig, wie schwächere ergriffen wurden, hat mir die Vermuthung nahe gelegt, dass die topische Prädisposition, wie die eigentliche Entstehungsursache des Hospitalbrandes in der Natur der Verwundung selber zu suchen ist. Welcher Art diese ersten bestimmenden Momente sind, wage ich noch nicht zu entscheiden. Nur möchte ich darauf aufmerksam machen, dass die durch den Act der Verletzung selber erzeugten Gewebs-Fetzen, besonders solcher Gewebe, welche vermöge der grösseren Resistenz und der geringeren Beweglichkeit ihrer zelligen Constituentien, wie z. B. die elastischen und fibrösen, nur langsam eliminirt werden, oft geradezu nur durch Fäulniss abgestossen werden können, ungemein leicht zu Zersetzungen des Eiters Anlass geben müssen (— was in der That auch oft genug beobachtet wird, wenn nämlich der Eiter und die faulenden Massen stagniren —); weiterhin können aber vielleicht dieselben Zersetzungsprodukte auf das Granulationsgewebe selber infectiös (fermentartig?) einwirken*) und hier eine diphtheritische Infiltration veranlassen. — Hierfür würde die Analogie mit anderen diphtheritischen Prozessen sprechen (Virchow, Rindfleisch l. c.). So entwickelt sich z. B. die Darmdiphtheritis bekanntlich besonders an den Stellen, mit welchen die Fäcalmassen länger in Contact bleiben, nämlich an den natürlichen Falten und Knickungen im Darmrohre, — so entsteht im zweiten Stadium der Cholera Diphtheritis überall, wo die des Epithels beraubte Schleimhaut der unmittelbaren Einwirkung der Darmcontenta preisgegeben ist, — so erzeugt sich unter dem Einfluss des stagnirenden Harns nicht selten Diphtheritis in der Blase etc. — Es würde sich dadurch ferner erklären, warum bei manchen Wunden nur e i n e Stelle der „diphtheritischen" Entzündung verfällt, während die andere frei bleibt; ferner warum der Prozess stets von gewissen Buchten aus, von der Tiefe ausgeht. In unserem Falle war es ein morscher, stinkender Fetzen Aponeurose, der im Grunde einer trichterförmigen Vertiefung liegend faulte und nur das nächstliegende Granulationsgewebe inficirte, in Folge dessen sich ebenda ein nur auf die nächste Umgebung beschränkter pulpöser Hospitalbrand unter Schmerzen und Fieber entwickelte. In andern derartigen Fällen (von circumscriptem Hospitalbrand auf einer sonst gut granulirenden Wunde) z. B. bei Fischer wurde dergleichen nicht notirt, wahrscheinlich aber nur, weil es nicht als das Wichtigere imponirte. — Aber auch bei den übrigen Wunden, welche eine complete „Hospitalbranddegeneration" erfuhren, konnten meist abgestorbene sehnige Fetzen beobachtet werden.— Interessant ist auch, dass unter den 20 mir vorliegenden Fällen von Hospitalbrand bei 14 Patienten Wunden in ganz besonders sehnen- und fascienreichen Gegenden davon betroffen wurden.**) —

Gegen diese Hypothese würde natürlich auch das Vorkommen des Hospitalbrandes auf anderweitig verursachten Wunden und Geschwüren keineswegs sprechen, wohl aber umgekehrt durch sie die überwiegende Häufigkeit des Vorkommens bei Schussverletzungen erklärt werden. Endlich würde danach auch die oft sofortige und dauernde Wirksamkeit der Aetzmittel beim Hospitalbrand ihre Erklärung finden. — Der Einwand aber, dass bei manchen Wunden trotz vorhandener faulender Gewebstheile kein Hospitalbrand ent-

---

*) Dafür spräche vielleicht auch die von Thiersch (l. c. p. 572) einmal gefundene „pyogene Degeneration" der Gewebe beim Hospitalbrand.

**) Heiberg und Schulz sahen ein „circumscriptes Recidiv von Hospitalbrand" auf einer gut granulirenden Wunde an der Stelle entstehen, wo ein inoculirtes Hautstückchen necrotisch geworden war. (cf. Berl. Klin. Wochenschr. 1871. Nr. 10.)

steht, kann meine Annahme nicht widerlegen, da zur Entstehung bestimmter Krankheitsprozesse immer ein Zusammentreffen mehrer begünstigender Momente gehört. Diese sind zum Theil schon angedeutet — ich füge noch hinzu, dass dahin wahrscheinlich auch das Vorhandensein einer entzündlichen zelligen Neubildung (solche kann sich bekanntlich auch in ulcerirenden Carcinomen, und nahe bei chronischen Geschwüren etc. vorfinden) gehört —, zum Theil sind sie noch zu suchen.

Ob sie in den kleinen pflanzlichen Organismen, wie sie schon 1820 von Hennen supponirt und jetzt von Hüter und Tomasi in Hospitalbrandmassen nachgewiesen wurden, gefunden sind, darüber kann ich mich vorläufig noch nicht schlüssig aussprechen. — Ich will nur erwähnen, dass Holmes Coote*) mit einem Schwamme, der vorher bei einem „gangrenous sore" gebraucht war, trotzdem er danach ausgekocht wurde, eine andere Wunde mit Hospitalbrand inficirte, — eine Thatsache, welche einer phytogenen Infection widerstreiten, dagegen mehr eine rein chemische beweisen würde. — Auch Herr Geh. Medicinalrath Professor Baum und sein Assistent Herr Dr. Rosenbach in Göttingen fanden nach einer schriftlichen Mittheilung, welche ich der Güte der genannten Herren verdanke, nur in dem oberflächlichen Detritus von Hospitalbrandwunden stäbchenförmige Gebilde in Ketten gereiht, — wie sie dieselben auch auf guten Granulationen sahen, — während innerhalb der infiltrirten Gewebe, gerade an den Stellen der grössten Zerstörung („längs der Unterschenkelsehnen") nichts derartiges zu entdecken war. — Wir müssen demnach unser Urtheil über diesen Gegenstand bis auf weitere Untersuchungen in suspenso lassen.

Sollte sich die Pilzeinwanderung allgemein bestätigen, dann würde dies sicher nur noch mehr für die Richtigkeit meiner Erörterungen sprechen, nämlich für die topische Entstehung des Hospitalbrandes von sich zersetzenden Gewebstheilen aus.

Therapeutisch empfiehlt sich nach unseren Erfahrungen eine möglichst frühzeitige und energische Aetzung mit conc. Salpetersäure (am besten in der Chloroformnarkose). Die Salpetersäure, welche auch von den Engländern (Holmes) ganz besonders gerühmt wird, macht einen derben, dicken, trockenen Schorf. der sich langsam durch Eiterung ablöst, — hemmt also die Zersetzung —, setzt durch Elimination der septischen Stoffe das

---

*) Holmes Coote, „Hospital Gangrene" in „A system of surgery ed. by T. Holmes." Vol. I. pag. 186. 1860.

Fieber herab, und hebt endlich auch den Schmerz (aus demselben Grunde?), — kurz sie erfüllt alle Forderungen, welche man an ein Mittel zur Bekämpfung des Hospitalbrandes stellen muss. — Hier wurde ausserdem noch mit Carbolsäure und Chlorzink geätzt, ferner einfach mit Kali hypermangan. und Chlorwasser verbunden, von denen sich nur das Chlorzink bezüglich seiner Wirksamkeit der Salpetersäure an die Seite stellen lässt.

Nothwendig ist ausserdem selbstverständlich scrupulöseste Reinlichkeit, Isolirung, Ruhelagerung, kräftige Diät.

VIII.

Pyaemie.

Die Frage, in welchen Beziehungen die Pyaemie zu den Schussverletzungen (wie zu Verwundungen überhaupt) steht, ist von jeher mit ganz besonderem Interesse ventilirt, aber sehr verschieden beantwortet worden. Heute noch sehen die Einen die Frage durch das viel missbrauchte Wort „Miasma" hinlänglich gelöst. die Andern „schweifen nicht in so weiten Fernen", sondern suchen und finden die Lösung im kranken Körper selber. Und wenn man jetzt doch auch in weiteren Kreisen allmählich anfängt, die Pyaemie nicht mehr als eine reine Hospitalkrankheit aufzufassen, sondern vielmehr als eine Erkrankung, deren Genese in dem Verwundeten selber wurzelt, so haben wir dies den Bemühungen besonders Billroth's zu danken, der im Verein mit Weber, Panum, Fischer und Andern die auch hier reformatorisch wirkenden Ideen Virchow's erfolgreich weiter bearbeitete. — Von einem detaillirten Eingehen auf dieses höchst interessante Gebiet der Wundkrankheiten aber kann ich um so eher absehen, als wir hierüber erst kürzlich eine Monographie aus Hüter's*) kundiger Hand erhalten haben; nur über ihre Beziehungen zu Schussverletzungen füge ich Einiges bei.

Nach den dort niedergelegten Anschauungen, zu welchen ich mich vollständig bekenne, muss man von der Pyaemie die septicämischen Fieber ausscheiden. Als septicämische Fieber werden das Wundfieber und die überhaupt durch Aufnahme septischer

---

*) Hüter, „Die septicämischen und pyaemischen Fieber", Pitha-Billroth's Handb. I. Bd. 2. Abthl. 1. 1.

Substanzen (sei es von einer Wunde aus, sei es durch Magen und Lungen) bedingten Fieber aufgefasst. Unter den pyaemischen Fiebern begreift Hüter alle durch Resorption von Eiterbestandtheilen hervorgerufenen Wundfieber und theilt diese, je nachdem bloss flüssiger Eiter oder Eiterserum direct vom Blute oder der Lymphe aufgenommen wird. — oder je nachdem dies vermittelst abgerissener Venengerinnsel, Thrombenbröckel geschieht (unter Bildung der sogenannten „metastatischen" Abscesse), sehr zweckmässig in die Pyaemia simplex und Pyaemia multiplex. — Beide Formen sind demnach nicht wesentlich, sondern graduell unterschieden. Beide kommen besonders häufig auch bei Schussverletzten zur Beobachtung; gekannt und gefürchtet ist allerdings vorzugsweis die letztere. Und gerade weil diese letztere (Py. multiplex) mit erschreckender Häufigkeit die Kriegshospitäler lichtet, so hat man von jeher ein ausserhalb des erkrankten Individuums liegendes Agens annehmen zu müssen geglaubt. Doch erklärt sich der Causalnexus viel einfacher, seitdem wir die ursächlichen Momente im Individuum selber zu suchen und zu finden gelernt haben.

Bei Schussverletzungen heilen bekanntlich die Wunden nur auf dem Wege der Eiterung. und damit ist schon die erste Bedingung zur Entstehung der Pyaemie erfüllt. Aber es werden auch ausserdem durch die Art der Verwundung selber und durch den Wundheilungsprozess eine Anzahl sehr günstiger Resorptionsbedingungen geschaffen. — Schon die erste entzündliche Infiltration fällt in Folge der ausgedehnten Quetschung und Zerreissung der Gewebe, zumal bei Knochenschüssen stärker und dem entsprechend auch die nachfolgende Eiterung profuser aus. Dazu kommt noch, dass bei Schussverletzungen ungemein leicht Eiterretentionen, Eitersenkungen etc. entstehen können. Bedingungen, welche der Resorption des Eiters ausserordentlich günstig sind. In der That nehmen wir ja täglich bei der Entwicklung einer Eiterverhaltung Fieber wahr, eben eine Pyaemia simplex; ja wir suchen sogar bei jeder neuen Temperaturerhebung im Verlaufe einer Wundheilung zunächst nach Eiterretentionen !

Ferner entwickeln sich bekanntlich gern Thromben in den Venen zerrissener und gequetschter Gewebe. besonders häufig aber in den kleinen Mark- und Knochenvenen, wozu hier schon an und für sich die anatomischen Verhältnisse gewissermassen prädisponiren. noch mehr aber, wenn durch die entzündliche Infiltration der Raum beengt und so die Circulation behindert wird (cf. übrigens auch oben pag. 87 etc.). Zu dergleichen Thrombenbildungen tragen nebenher

auch die anderweitig bedingten, bei solchen Verwundeten überhaupt
häufigen Circulationsstörungen bei. so alle die Herzkraft und den
Blutdruck herabsetzenden Momente, wie die Verletzung selber.
Operationen, das Wundfieber, das einfache Eiterfieber, der Einfluss
der Hospitalverhältnisse etc. (Letzterer, welcher sich nicht selten
unter dem Bilde eines septicämischen Fiebers äussert, gehört in
der That nur zu den prädisponirenden Momenten). Alle diese
so entstandenen Thromben zerfallen um so leichter, je directer
Eiter mit ihnen in Berührung kommt. Doch können Blut-
gerinnsel auch unter dem Einfluss überhaupt einer fieberhaften Diathese zu Eiterdepots werden. — Kommen nun
diese eiterig imbibirten, zerfallenen Thrombenbröckel in den Kreis-
lauf, wozu die Möglichkeit begreiflicher Weise überall vorhanden.
so entwickeln sich, gewöhnlich unter Frösten, jene schon längst bekannten „metastatischen" Abscesse, — wir haben dann das exquisite
Bild der multiplen Pyaemie vor uns.

Es liegen also die ursächlichen Momente der Pyaemie in der
Natur der Verletzung selber begründet, und ist keine Nothwendigkeit vorhanden, ein Miasma anzunehmen. — Schon ein einfaches
auf klinischen und anatomischen Erfahrungen basirtes Raisonnement
macht die von Vielen supponirte Analogie der Pyaemie mit dem
Typhus und andern acuten Infectionskrankheiten höchst unwahrscheinlich. Alle acuten Infectionskrankheiten haben in ihrem Ge-
sammtverlauf, in der Aufeinanderfolge gewisser Symptome (in ihren
„Localisationen"), in ihren Complicationen und Nachkrankheiten
eine gewisse Uebereinstimmung, welche sie eben als zu einer gemeinsamen Gruppe von Krankheiten gehörig kennzeichnet. Die
Pyaemie lässt nichts dergleichen wahrnehmen. Mit dem
Typhus lässt sie sich nicht im Entferntesten vergleichen. Die „Localisationen" des Typhus (d. i. das eigentlich Typische desselben)
haben eine wesentlich andere ätiologische Bedeutung als
die der Pyaemie. Bei letzterer sind sie einfach gegeben durch rein
mechanische Bedingungen, — beim Typhus lassen sie sich bekanntlich so nicht bestimmen, sie sind uns da ihrem ursächlichen
Zusammenhange nach überhaupt unbekannt*)!

---

*) Mit grösserer Berechtigung ist eine Analogie zu statuiren zwischen den
acuten Infectionskrankheiten und den septicämischen Fiebern; ja es ist
mir sogar sehr wahrscheinlich, dass die Gruppe der typhösen Fieber
wesentlich zu den septicämischen Fiebern gehört, eine Ansicht,
welche ich gelegentlich mit mehr Gründen zu erörtern gedenke. — Hier möchte
ich nur noch darauf aufmerksam machen, dass vielleicht ein Theil der profusen,
lethal verlaufenden Diarrhöen bei Verwundeten, welche gemeiniglich,

Uebrigens ist auch experimentell die fast rein mechanische Genese der pyämischen Krankheitsprozesse durch die oben genannten Forscher hinlänglich erwiesen.

Für Schussverletzungen kommt noch eine Thatsache hinzu, welche ich hier nicht unerwähnt lassen will, da sie mir auf das Schlagendste die topische Begründung der Pyaemie zu beweisen scheint. — Bei einer Vergleichung der an multipler Pyaemie Gestorbenen mit der Zahl der übrigen Gestorbenen von den Verwundeten bei Stromeyer, Maas, Rupprecht und mir (cf. die Tabellen) fand ich wunderbarer Weise bei Allen ein nahezu constantes Verhältniss. Es starben nämlich von den in Folge von Schussverletzungen Gestorbenen

an Pyaemie: bei Stromeyer $44{,}_{21}\%$

Maas 46%

Rupprecht*) $46{,}_{15}\%$

„ mir $46{,}_{15}\%$.

Man kann demnach im Allgemeinen sagen, dass durchschnittlich etwa 45 % aller nach Schussverletzungen Gestorbenen die Leichensymptome der Pyaemie zeigen. Das beweist, da man doch unmöglich annehmen kann, dass die Hospitalverhältnisse bei uns Allen dieselben gewesen sind, auf das Eclatanteste, dass die Ursachen in den Verletzten selber oder besser in der Natur der Verletzung liegen (wie ich das oben erörtert habe). Es scheint demnach (falls das gleiche Verhältniss auch noch bei andern Zusammenstellungen gefunden würde), dass unabänderlich immer eine gewisse Anzahl Verwundeter der Pyaemie von Vorneherein verfallen muss, — ein sehr trauriger Schluss, der uns aber keineswegs muthlos machen darf, vielmehr anregen muss, nach Mitteln zu suchen. dieses Procentverhältniss immer mehr herabzudrücken, d. h. die Eiterresorption zu vermindern.

Wir haben sechs Verwundete an Pyaemie verloren. von denen

---

zumal wenn man bei Sectionen „diphtheritische Membranen und Geschwüre" im Darm findet, der ächten Dysenterie („Ruhr") zugeschrieben werden, nur Secundärerscheinung, Symptom einer Septicaemie sind, welche ihren Ursprung in den septischen Wundsecreten hatte!

*) Rupprecht irrt sich übrigens, wenn er meint, dass seine Verhältnisse rücksichtlich der Pyaemiemortalität „am besten" gewesen seien (cf. l. c. pag. 17); wie er es überhaupt nicht immer genau nimmt mit seinen „statistischen" Schlussfolgerungen; so sagt er (l. c. pag. 18): in Langensalza musste bloss der „vierte" Theil, wie bei uns in Massy operirt werden, — während sich doch das Verhältniss so stellt, dass in Massy $14{,}_7 \%$, in Langensalza aber $9{,}_{82} \%$ operirt wurden!

bei dreien die Pyaemie von einer purulenten Osteomyelitis aus, bei
einem von einer Gelenksvereiterung, bei einem von einer Eitersenkung nach particller Resection des Ellbogengelenks, bei einem von
einem Weichtheilschuss der Hinterbacke aus sich entwickelt hatte.
Bei fünf fanden wir die Zeichen der multiplen Pyaemie, bei einem
die einer Septico-pyaemie, Obductionsbefunde, welche hinlänglich
bekannt sind, — übrigens schon in der Casuistik mitgetheilt wurden. — Nur das will ich hier noch bemerken, dass wir zwei Male
in den grossen Venen der verletzten Theile flüssigen Eiter
fanden, während bei den übrigen in der Regel noch zerfallene
Thrombenbröckel nachzuweisen waren. — Uebrigens spricht ein
negativer Befund (bez. der Thrombosen) natürlich nicht gegen die
oben angedeutete embolische Auffassung der Pyaem. multipl. Denn,
abgesehen davon, dass Embolien von sehr kleinen Venenthrombosen
aus stattfinden konnten, kann auch ein Thrombus, nachdem er verschiedene Emboli abgab, im Reste resorbirt werden, die Venen-
wandung sich verlöthen etc., — kurz es kann jede Spur von dem
früheren Vorhandensein solcher Thromben verwischt sein, während
gleichwohl verschiedene „metastatische" Abscesse solche noch vermuthen lassen. — Oft genug entwickeln sich die „metastatischen"
Abscesse nicht von der verletzten Stelle her, sondern von einem
gleichzeitigen Decubitus her oder von marantischen Thrombosen
aus. — Einmal fand ich bei einem Pyaemischen eine Eiteransammlung im Schultergelenke, ohne dass bei Lebzeiten irgendwelche objective oder subjective Symptome nachweisbar waren*).

Von den klinischen Erscheinungen der Pyaemie will ich hier nur
das Fieber erwähnen, welches, wie Billroth und Weber experimentell gezeigt haben, auf die Resorption eiteriger Massen zu beziehen ist. Das Fieber begann bei uns meist in der zweiten Woche
nach der Verletzung, einmal in der dritten, einmal in der vierten.
In der Regel wiederholten sich die Fröste sehr häufig; sie traten
in der Mehrzahl der Fälle am Nachmittag und Abend auf. Die
Temperatur stieg auf $40,5^0$ C., sank Morgens auf $38,8^0$ C., um gewöhnlich gegen das lethale Ende hin noch weit grössere Senkungen
und Steigungen zu erfahren. — Bei einem Patienten kamen die
Fröste regelmässig Morgens, wie auch die Temperatur sonst in

---

*) Hüter (Klinik der Gelenkskr. Leipzig 1870. pag. 102), bezieht dergleichen
Eiterergüsse in den Gelenken bei Pyaemischen auf mechanische Reizungen der
Synovialis, entstanden durch Bewegungen der Patienten im Bette, — vielleicht
auch durch zufällige Contusionen —, die unter dem Einfluss des Fiebers zur
Eiterung führen; und weist ebenda die „metastatische" Natur derselben zurück, —
und das mit Recht.

ganz auffallenden Breiten schwankte (cf. Fall 29), von 36,₄ oder
37° C. bis 40 oder 41° C. — Soviel ich bis jetzt nachgesucht habe
(ich habe auch sonst sehr häufig Gelegenheit gehabt, Pyaemische
zu seciren), liess sich im Ganzen keine Uebereinstimmung zwischen
der Zahl der Fröste und der Zahl der Abscesse constatiren.

Auch bei Pyaemia simplex (nach Abscessen, Phlegmonen, einfachen Eiterungen) beobachtete ich, wenngleich seltener, Fröste. —
Das Fieber hält sich bei dieser in mässigen Grenzen bis zu 38,₅° C.,
erreicht seltener 39° C. und darüber. Morgens ist die Temperatur
sehr oft normal; doch habe ich bei solchen Patienten auch umgekehrt Morgens höhere Temperatur gefunden, was, wie ich vermuthe,
sich daraus erklärt, dass während der Nacht mehr Eiter resorbirt
wurde, zumal wenn etwa der Verband etwas fester anlag. Wenigstens
sah ich dann stets reichliche Mengen Eiters bei Entfernung des
Verbandes vorquellen.

Eine sorgfältige Controle der Temperatur giebt uns
in der That auch hier die besten, prognostisch wichtigen Aufschlüsse,
und kann ich daher den Rath Hüter's nur wiederholen, nämlich
bei jeder Temperatursteigerung bei Verwundeten zunächst nach
Eiterverhaltungen, Phlegmonen, Erysipelen etc. zu suchen. Findet
man dergleichen nicht, noch eine andere acute Erkrankung, oder
überdauert das Fieber die Eiterentleerung durch eine Incision in
gleichem Maasse, so ist die Wahrscheinlichkeit, dass das Fieber
von einem „metastatischen" Abscesse abhängt, sehr gross. —

Bei allen Pyaemischen, besonders denen mit multiplen Heerden
fiel mir und Andern die enorm rasche Gewichtsabnahme auf. Die
Haut wird welk, fahl, bisweilen icterisch. — Der Icterus scheint
hier in der That mehr ein „hämatogener", d. i. mehr durch Zerstörung der Blutkörperchen im kreisenden Blute bedingt zu sein,
als durch Gallenresorption; wenigstens fand ich öfter trotz des
ausgesprochensten Icterus keine Abnormität an Leber- und Gallen-
blase. Abscesse in der Leber fand ich nur bei zwei Patienten, von
denen der eine icterisch war, der andere nicht.

Ueber die pyämischen Veränderungen der Wunde habe ich
schon oben gesprochen.

„Phlebostatische" Blutungen, von Stromeyer mit Recht als
ein Symptom beginnender, oft pyämischer, Venenthrombose hervor-
gehoben, habe ich nicht beobachtet, wenn man nicht die in Fall 28,
drei Tage nach der Amputation auftretenden „parenchymatösen"
Blutungen als solche auffassen muss. Es wurde bei dem betreffenden Patienten, der während eines von purulenter Osteomyelitis her
datirenden Fiebers operirt wurde, bei der Section in den Binnen-

organen allerdings nichts als eine allgemeine Anämie gefunden. in den Armvenen keine Thrombosen, die Arterien wohl unterbunden, — aber gleichwohl spricht der ganze hochfieberhafte Verlauf, die oft wiederkehrenden parenchymatösen Blutungen, bei welchen überdies ein sehr „wässeriges" Blut entleert wurde, endlich die disseminirten intermuskulären Abscesse am Condylus intern. humeri — für die Annahme einer einfachen Pyaemie, oder deren Verbindung mit der Septicämie, nämlich einer sogenannten Septico-pyaemie, eine Combination, welche überhaupt sehr häufig vorkommt. — Bei unserem Falle musste die Eiterung und das dadurch bedingte Fieber um so leichter „erschöpfen", resp. tödten, als ja Patient schon durch einen vorausgehenden Blutverlust auf dem Schlachtfelde (cf. pag. 57) sehr geschwächt war. Es entwickelte sich um so leichter danach die Vereiterung des Handgelenks und eine eiterige Osteomyelitis, — resp. damit eine Pyaemia simplex, deren lethalen Verlauf schliesslich die Amputation nur noch beschleunigt hat.

Die Untersuchung der Brust- und Bauchorgane ergab bei multipler Pyaemie meist nichts, trotzdem bei der Section in Lungen stets, auch oft in Leber und Milz die charakteristischen Abscesse gefunden wurden. — Doch fand ich umgekehrt zwei Male Leber und Milz vergrössert und ungemein schmerzhaft, ohne bei der Section ausser Hyperämie etwas entdecken zu können.

Gegen das Ende stellen sich profuse Schweisse, Delirien oder Coma ein. Einige Male wurde auch die von Billroth so treffend geschilderte allgemeine Hyperästhesie der Patienten constatirt.

Die Todesursache scheint mir bei der Pyaemia multiplex besonders in der enorm raschen und gewaltigen Fieberconsumption zu liegen.

Eine besondere Behandlung verlangt die Pyaemie nicht; sie fällt mit der eiternder Wunden überhaupt zusammen. — Bei schon entwickelter multipler Pyaemie kann man, falls der Mensch noch kräftig ist und keinen Decubitus hat, den Versuch machen, durch Exarticulation im nächsten Gelenke den Menschen zu retten, in der Absicht, dadurch die Quelle der „metastatischen" Abscesse und der Pyaemie zu entfernen. Ist diese freilich wo anders gelegen (d. h. vielleicht in einer marantischen Thrombose an andrer Stelle), ist der Mensch schon sehr herabgekommen, sind die pyämischen Heerde schon sehr weit im Körper verbreitet, so wird auch diese Operation keinen Erfolg mehr haben (natürlich noch weniger eine Resection, trotz Neudörffer's Empfehlungen). — Welche Resultate man mit der neuerdings von Biez empfohlenen Chininbehandlung, so wie mit der „Kaltwasserbehandlung" erzielen kann,

darüber konnte ich keine maassgebenden Erfahrungen machen. Ich
habe beides nur zwei Male, — aber erfolglos angewendet. Doch
hat. glaube ich, die Kaltwasserbehandlung in der That noch einige
Chancen für sich.

IX.

Allgemeine therapeutische Schlussbemerkungen.

Die ganze Therapie der Schusswunden zu recapituliren, finde
ich um so weniger Anlass, als glücklicher Weise neuerdings hierüber im Allgemeinen eine wohlthuende Einheit der Ansichten bei
allen einsichtigen Chirurgen herrscht*). Hier will ich nur auf das
Eine oder Andere hinweisen, was mir einer dringlicheren Befür-
wortung bedürftig und werth erscheint**).

Ich habe vielleicht mit all zu grosser Umständlichkeit wiederholt die Folgeveränderungen der durch die traumatische Erschütterung hervorgerufenen molekulären und gröberen Zerstörungen der
Gewebe (besonders bei Knochen- und Gelenkschüssen) hervorge-
hoben, — in der That nicht etwa, weil ich meinte, dass sie nicht
bekannt wären, sondern um dadurch deutlich zu machen, wie es
eine Hauptaufgabe sein muss, die excessiven entzündlichen resp.
eiterigen Veränderungen durch zweckentsprechende therapeutische
Maassnahmen thunlichst kräftig einzuschränken. Die Möglichkeit
dessen ist nicht bloss praktisch dargethan (vide Stromeyer
loc. citatis***), Lücke l. c. etc. etc.), sondern auch vom theore-
tischen Standpunkte sehr wohl begreiflich, wie ich mich darüber
wiederholt schon ausgelassen habe. Wir haben es in der That in
der Hand, die eiterige Umwandlung entzündlicher „Infiltrate" (siehe

---

*) Cf. Esmarch, Verbandplatz und Feldlazareth, Berlin. II. Aufl. 1870, eine
äusserst praktische und vortreffliche Schrift.

**) Das Nachfolgende bezieht sich zunächst nur auf die Behandlung der
Schusswunden im Reservelazareth (also frühestens vom vierten Tage nach der
Verletzung ab).

***) Herr Generalstabsarzt Stromeyer, dessen freundschaftlichem Ver-
kehre ich eine Fülle neuer Anregung verdanke, was ich stets gern anerkenne,
erzählte mir, dass er in Floing bei seinen conservativ behandelten Oberschenkel-
schüssen eine Mortalität von nur 23 % gehabt habe!

Wundheilungsprozess pag. 80) zu vermindern, resp. zu verhüten,
wenn wir überall, wo stärkere Verletzungen der Theile
nachzuweisen oder zu vermuthen sind, neben absolu-
ter Ruhe eine energische, andauernde locale Antiphlogose, sei es durch Eis, oder durch kalte Compressen, oder durch
continuirliche kalte Localbäder etc. einwirken lassen. Der Erfolg
ist natürlich, je nach der Extensität und Intensität der Verwundung, ein sehr verschiedener, jedoch ist fast überall eine Abnahme
der localen Schwellung und Eiterung, ein Nachlass der Schmerzen
und des Fiebers zu constatiren. Der ganze Verlauf erscheint weniger
stürmisch. Diese Therapie ist, wenn thunlich, d. h. falls nicht irgend
welche operative Eingriffe nöthig sind, bis nach Ablauf aller Entzündungserscheinungen einzuhalten, zumal wir darin das beste
Mittel haben, auch das einfache Eiterfieber herabzusetzen, wie überhaupt die Disposition zu Eiterungen zu vermindern.

Die Ruhe kann man sehr zweckmässig durch die verschiedenen Verbände erzielen. Im Entzündungsstadium*) sind in der
Regel die einfachsten die zweckmässigsten. — Jeder Verband muss
eine leichte Einsicht in die Wunden gestatten. Kein Verband, sei
er auch noch so vorzüglich, schliesst die sorgsame Ueberwachung
von Seiten des Arztes aus.

Nächst der Beschränkung der Entzündung und Eiterung ist
nach den früheren Erörterungen das Wichtigste, für einen guten
Abfluss der Wundsecrete zu sorgen, was durch zweckmässige
Lagerung und Verbände, durch vorsichtige Irrigationen und Bäder
erzielt werden kann; ausserdem sind zur Erreichung dieses Zweckes
auch Incisionen nicht zu scheuen, da wir dadurch eventuell
septicämische wie pyämische Fieber verhüten können (cf. oben
„Pyaemie"). — Bei jeder neuen Fiebererhöhung sind überhaupt
weniger innere antifebrile Mittel nothwendig, als vielmehr eine sofortige, genaue, aber vorsichtige Untersuchung der
Wundumgebungen. Findet man eine Eiteransammlung, so incidirt
man ausgiebig und entfernt etwa vorhandene, lose Splitter oder
Fremdkörper; lässt sich in der Wunde nichts direct nachweisen,
so thut man gut, kalte Localbäder fortbrauchen zu lassen.

Zum Verband der Wunden selber empfiehlt sich schwache
Carbolöllösung, bei stark zerquetschten grösseren Risswunden ver-
dünntes Chlorwasser. Im Beginne der Ueberhäutung sind reine

---

*) Unmittelbar nach der Verletzung sind die Verhältnisse etwas anders; da
mag auch ein immobiler Verband jedem andern vorzuziehen sein. — Doch habe
ich darüber zu wenig Erfahrungen machen können.

Oele oder Fette allem Anderen vorzuziehen. — Die Binden müssen die Verbandstücken nur eben fixiren, ohne die Wundumgebungen selber zu drücken.

Obwohl ich aus eigener Anschauung keine Erfahrungen über die p r i m ä r e S p l i t t e r e x t r a c t i o n habe, so scheint es mir doch schon a priori nicht unpassend, gleich im Anfang bei der ersten Untersuchung alle losen Splitter, deren man o h n e Q u e t s c h u n g u n d Z e r r u n g der Weichtheile habhaft werden kann, zu entfernen, vorausgesetzt natürlich, dass nicht wegen naheliegender grösserer Gefässe jede Berührung der Wunde gefährliche Blutungen befürchten lässt.

Die schon von S a b a t i e r *) geübte Einlegung von Setons, Pressschwamm etc. in die Schusskanäle zur Entfernung von Splittern ist wegen der gewöhnlich sehr starken consecutiven entzündlichen Reizung, welche sogar zu einer eiterigen Schmelzung des jungen Callusgewebes führen kann, zu verwerfen. Eine vorsichtig geführte Pincette, Kornzange, das Messer etc. pflegen in der Regel weit rücksichtsvoller zu arbeiten, und schliesslich auch erfolgreicher! — Fremdkörper (Kugeln, Knöpfe etc.) thut man wohl, da sie meist früher oder später Eiterungen veranlassen, zu entfernen, wo man sie trifft, natürlich mit Beobachtung aller der Cautelen, wie sie überhaupt jede Operation bei Schussverletzten erheischt **).

Bei Schüssen in der Nähe der Gelenke möchte sich ein öfteres vorsichtiges Wechseln der Stellung der Gelenksenden empfehlen, da sonst leicht Anchylose erfolgt. Alle Schüsse in der Umgebung des Gelenkes sind wie Verletzungen des Gelenkes selber zu behandeln. Hier ist die locale Antiphlogose ganz besonders am Platze.

Restirende narbige Contracturen der Gelenke und Muskel können zweckmässig mit P r i e s s n i t z 'schen Umschlägen, warmen Bädern, geeigneter Gymnastik, und Elektricität behandelt werden.

Ist eine Gelenkshöhle durch einen Schuss mittelbar oder unmittelbar nur einfach eröffnet, so kann man, wenn die Localität es irrelevant erscheinen lässt, ob das Gelenk anchylotisch oder wieder beweglich wird, bloss einfach antiphlogistisch verfahren (Kälte und Ruhestellung). Ist dagegen schon a priori eine Verletzung der Gelenksknochen selber zu diagnosticiren, resp. zu vermuthen, oder stellt sich die Gewissheit einer solchen weiterhin ein, so ist sofort

---

*) S a b a t i e r , De la medecine oper. III. 1794.
**) Um kleinere Bleistücken konnte ich allerdings öfter eine aus fibrillärem Bindegewebe bestehende Art Kapsel sehen, deren innerste Lage aus mehr polygonalen ästigen Bindegewebszellen bestand.

zu reseciren, falls das locale und allgemeine Befinden des Patienten eine solche Operation zulassen, und nicht vielleicht eine Amputation oder Exarticulation nothwendig machen. — Bezüglich der Behandlung der einzelnen Gelenke verweise ich auf die Erörterungen bei der Casuistik.

Neben der eigentlichen, hier nur skizzirten Behandlung ist natürlich scrupulöse Reinlichkeit, kräftige Diät, frische Luft etc. zur Heilung, wie zur Erhaltung der Kräfte nothwendig.

Bezüglich der Ventilation möchte ich noch der Erwägung anheimgeben, dass wir uns durch das Bestreben, eine möglichst gründliche Ventilation zu schaffen, nicht zu weit verführen lassen dürfen. Zugwind und Kälte schaden dem Patienten im Allgemeinen, wie der Wunde immer mehr weniger. Besonders durch Eiterungen heruntergekommene Kranke vertragen kalte Luft sehr wenig gut. Man thut daher wohl, bei Eintritt der Kälte, die Lazarethräume immer auf mindestens 16 ° R. Wärme zu erhalten, am besten durch offene Feueröfen, da diese zugleich wirksame Luftregulatoren sind.

Hannover, im August 1871.

Maximilian Schüller.

Zu corrigiren:

Pag. 12 unter — C. Grössere Operationen, noch hinzuzufügen: c. Amput. cruris 1 — geheilt;

dafür: 3. Exart. des Fingers 1 — 1 zu streichen. — Letztere war schon vorher in einem anderen Lazareth gemacht worden. Die Procentrechnungen bleiben dieselben.

Pag. 59 Zeile 5 von unten: Operationslehre und Statistik der Resect.